常春藤传记馆

温儒敏／主编

科学巨人

牛顿传

马春光　著

長春出版社
国家一级出版社
全国百佳图书出版单位

图书在版编目(CIP)数据

科学巨人：牛顿传 / 马春光著. —长春：长春出版社，2018.1(2020.10 重印)
(常春藤传记馆 / 温儒敏主编)
ISBN 978-7-5445-5070-3

Ⅰ. ①科… Ⅱ. ①马… Ⅲ. ①牛顿(Newton, Issac 1642–1727)–传记 Ⅳ. ①K835.616.11

中国版本图书馆 CIP 数据核字(2017)284996 号

科学巨人:牛顿传

著　　者:马春光
责任编辑:高　静
封面设计:楠竹文化

出版发行:長春出版社　　总编室电话:0431-88563443
编辑室电话:0431-88525948　　发行部电话:0431-88561180
地　　址:吉林省长春市建设街 1377 号
邮　　编:130061
网　　址:www.cccbs.net
制　　版:荣辉图文
印　　刷:延边星月印刷有限公司
经　　销:新华书店

开　　本:787 毫米×1092 毫米　1/32
字　　数:114 千字
印　　张:7.75
版　　次:2018 年 1 月第 1 版
印　　次:2020 年 10 月第 4 次印刷
定　　价:19.80 元

总序

温儒敏

十多年前，我主持人民教育出版社高中语文教材的编写，其中选修课就专门设置有《中外传记选读》一种，我自己还动手编写了这本教材。因为受高考“指挥棒”影响，一般学校的选修课未必真能让学生自主选修，很多选修教材编出来都没有使用，但《中外传记选读》一直很受欢迎，每年都有重印。这让我对传记的阅读推广有了特别的关注。

我还注意到最近三四年高考语文试题命制的一种趋向，无论全国卷还是其他省市卷，阅读题往往都选传记作为材料。比如 2016 年全国卷的甲、乙、丙三个卷子，文言文阅读的材料全是传记，包括《明史·陈登云传》（甲卷）、《宋史·曾公亮传》（乙卷）和《明史·傅珪传》（丙卷）；现代文阅读的实用类文本也多用传记，节选了《吴文俊传》和《陈忠实传》。可见传记阅读越来越受到重视，考试也有意往这方面引导。

中小学语文教材也应当多选一些传记。现在

教育部正组织编写一套新的义务教育语文教科书，聘我担任总主编，这套新教材就选了不少名人传记，并鼓励学生多读传记。

为什么中小学生要多读传记？我曾在《中外传记选读》的前言中说过理由，这里不妨转述一下：

> 同学们都渴望能拥有健全、快乐和成功的人生，现在的学习阶段就在做准备，而且其本身就已经是你人生经历的一部分。我们该怎样设计自己的人生？当然最重要的还是学习。除了学习文化知识，还要从历史人物或者成功的人物身上学习宝贵的生活道理、人生哲学以及获取成功的途径。这就是励志教育，是人生教育中非常重要的部分。人都需要不断添加生活的动力，特别是在年轻的时候，要有偶像和楷模，有高远目标的激励。如同英国思想家培根所说过的：“用伟人的事迹激励我们，远胜一切的教育。”让同学们从那些杰出的成功的人物身上吸取人生的经验，从前人多种人生道路的选择中寻找我们各自的“契合点”，这就是我们设立这门课的主要目的。

这里说的“设立这门课的主要目的”，其实

也是我们推出这套“常春藤传记馆”丛书的目的。

“常春藤传记馆”丛书由北京大学语文教育研究所组织编写，长春出版社出版。丛书每本10万字左右，其选目、内容和写法都是为中小学生“量身定制”的。我们希望这套丛书能作为基本图书进入中小学图书馆。和其他同类传记图书相比，“常春藤传记馆”丛书有四个特色：

一是传主覆盖范围广。包括中外古今各个领域的名人，涉及政治、军事、科学、实业、社会活动、文学、艺术、革命等领域。重点考虑有代表性的、在精神层面可以给学生激励的那些名人。

二是和课程教学有呼应。中小学除了语文，各个学科的教材和教学都会涉及中外古今各个领域的著名人物，选择主题首先考虑这一情况，选取学生有所接触又可能希望进一步了解的那些名人。这可以满足学生不同的兴趣爱好。

三是专门为中小学生编写。本套传记不是专业性强的评传，而是重在勾勒传主生平事业贡献的小传，内容和文字力求深入浅出，生动形象，有趣有味。阅读对象接受水平可以定位在初中程度，也可以稍高一点。特别是有些理科方面的传记，主要面对高中生。其实，小学生的课外阅读也要取法乎上，他们可以读这套为中等文化水平的读者设计的书。

四是内容安排上特别注重励志及健全的人格心理引导培养，在叙说传主生平事迹时，适当地自然地凸显这些方面的思考。

从书取名“常春藤传记馆”，有特别的含义。“常春藤”是一种多年生常绿藤类灌木。美国哈佛大学等几所著名的私立大学，组成体育联盟，叫“常春藤盟校”，其起名是因为这些老校的校舍墙上常攀缘有常春藤。本丛书以“常春藤传记馆”作为标识，是虚拟的意象，可以联想到著名的学府，也可以联想到古代的书院，从而营造浓郁的阅读氛围和宁静的心境。另外，“常春”和“长春”同音，暗含这套丛书是由长春出版社出版的。

但愿广大师生喜欢这套书，也期盼大家提出批评建议，共同来经营好这套书，让“常春藤传记馆”更好地满足广大读者，特别是中小学生课外阅读的需求，满足语文教学的需求。

2016年6月30日济南历下

（温儒敏，山东大学一级教授，北京大学中文系教授，教育部聘义务教育语文教科书总主编）

前　言

自然与自然规律
隐匿于黑暗之中，
上帝说，让牛顿出世吧，
于是一切都显现光明。

——［英］蒲柏

在今天，几乎每一个人都知道伟大的科学家艾萨克·牛顿（1642—1727）。不管是在科普读物中，还是在学校课堂上，我们都经常接触这位科学巨人。“牛顿”二字在今天已经不仅仅是一个人名，而是作为一个物理单位，成为每个人日常生活中难以绕过的知识。“牛顿”已经成为科学的代名词，象征着现代科学体系的建立。

牛顿是17—18世纪英国伟大的物理学家、数学家和天文学家，他提出的“万有引力定律”

“力学三大定律”在物理学界影响深远，他发明的“微积分”理论奠定了现代高等数学的基础。

1687 年，牛顿的科学巨著《自然哲学的数学原理》出版。1704 年，牛顿的另一部重要著作《光学》出版。伴随两本科学巨著的面世，牛顿确立了自己在欧洲科学历史中的重要地位。牛顿的这些理论发现，对我们生活的世界产生了重要而深远的影响。在人类认识自然界的漫长历史过程中，牛顿是不可或缺的一位，他的科学贡献是人类认识自然的重要里程碑。

在牛顿生活的时代，他的声誉和成就已经让有史以来所有的科学家都相形见绌。在当时的英国，他受到了人们的广泛爱戴与崇拜。牛顿去世时，为了对这位有史以来最伟大的科学家表示哀悼，英国政府为他举行了隆重的国葬。牛顿的声名，在他去世 200 多年之后的今天，仍旧未见衰退。英国现在流通的 1 英镑纸币的背面图案就是艾萨克·牛顿的头像。全世界大部分人仍将牛顿视为世所仅见的最伟大的睿智之士。美国作家迈克尔·哈特编著的《历史上最有影响的 100 人》一书中，艾萨克·牛顿位列世界历史上最具影响力人物排行榜的第二位。在人们的心目中，他的历史地位是如此之高。数百年来，其“科学巨人”“理性化身”的形象被牢固树立并广泛流传。

牛顿是一个公认的天才。当我们试图进入这位天才的内心世界时，我们就会发现，天才的火焰得以燃烧，靠的是他对知识的极度渴求和超出常人的坚韧和勤奋。他出生于一个充斥着迷信、蒙昧和黑暗的时代。他的一生孤独、压抑，他缺少父母和爱人的关心。牛顿是知识的狂热追求者，他想要了解自然界中一切的“谜”，对于生活中迷惑他的每一种现象，他都会追根问底，直到明白它们背后的原理。对知识的极度渴求甚至导致他产生强烈的幻觉，精神一度崩溃，处于临近疯狂的状态。正是在强烈的求知欲的驱动下，牛顿成为自然世界的伟大阐释者，解开了光和运动之谜，发现了地心引力，描绘出天体的运行轨道，确定了人类在宇宙中的位置。他建立了今天妇孺皆知的法则——牛顿定律。

值得注意的是，牛顿虽然是举世公认的天才，但他首先是一个有血有肉的人。因此，我们在了解牛顿人生历程的时候，不能先入为主地把他看作“科学之神”，恰恰相反，我们应该更多地从牛顿的日常生活中寻找他人生历程的不同寻常之处。

牛顿生活在人类历史的重要转折时期，他的一生漫长而丰富，不同的人生节点有不同的遭遇——忧郁的童年时代，幸运的少年时代，成果丰硕的青年时代和权力膨胀的老年时代。这本传记对牛顿的“科学研究”生涯采取一种相对简略的讲述方式，将侧重于牛顿“日常生活”的一面，从牛顿日常生活中那些血肉丰满的生活细节出发，还原一个真实的“人间牛顿”。

在总体思路上，本书采用一种“问题引导”式的讲述方式，也就是说本书实际上一直由某些问题牵引着：牛顿究竟是一个什么样的人？牛顿的一生有哪些传奇性的经历？牛顿如何一步步展开他对数学、光学、力学和天文学的研究？牛顿究竟取得了哪些重要的科学成就？这些科学成就对后代产生了什么影响？牛顿的人生经历对于生活在 21 世纪的我们有什么重要启示？这本传记将尽可能详细地为读者解答这些问题。首先，我们会对牛顿之前的时代状况与科学研究情况进行一番说明。然后，我们会通过具体的事例来讲述牛顿的生活，牛顿取得了哪些科学成就，这些科学成就相比以前的科学有哪些进步，它们对后来的科学研究产生了什么样的影响。通过前后的对比观照，我们会对牛顿的科学成就有一个非常清晰的认识。

在具体的叙述方式上，以牛顿人生历程中某些重要的时间节点为基本的章节划分依据，在此基础上兼顾他科学成就的不同方面。在对某些科学问题，特别是较为深奥的专业学术问题进行讲述时，本书尝试用一种较为通俗易懂的方式进行叙述，对其专业的深层学理知识仅仅点到为止。

牛顿，一个尚未出生父亲就已经去世的早产儿；

一个瘦弱、沉默的普通男孩子；

一个贫穷、勤奋的求学少年；

一个苹果树下灵感突发的智慧大学生；

一个坚持科学追求终身未婚的学者；

一个才华横溢的科学家；

一个孤独、抑郁的政府官员；

一个集合了科学、宗教、炼金术的传奇人物；

让我们一起走近牛顿。

目录 contents

第一章
“时代的黎明”

牛顿出生于17世纪中叶的英国，这是一个新旧交替的时代。在此之前，欧洲经历了漫长而黑暗的中世纪。从14世纪开始，欧洲先后爆发了三次大规模的思想解放运动，分别是“文艺复兴”“宗教改革”和“启蒙运动”。这三次运动扫荡了“中世纪”遗留的封建神权思想，特别是17世纪“启蒙运动”在欧洲大陆的次第展开，标志着黑暗的中世纪彻底终结，“时代的黎明”即将到来。想要读透牛顿的一生，必须对他生活的时代背景有所了解。

冲破“黑暗时代”

从公元476年到公元1500年左右，欧洲经历了漫长的封建专制时代，后人习惯上将这1000年

左右的历史阶段称为欧洲的“中世纪”。

在中世纪，基督教教会是当时封建社会最重要的精神支柱，它建立了一套严格的等级制度，把上帝当作绝对的权威，所有人都要遵循《圣经》的教义。在教会的管制下，中世纪的文学艺术死气沉沉，科学技术也没什么进展。

到了14世纪，随着工场手工业和商品经济的发展，资本主义生产关系在欧洲封建制度内部渐渐形成；在政治上，封建割据已引起普遍不满，民族意识开始觉醒，欧洲各国大众表现了要求民族统一的强烈愿望。

“文艺复兴”就是在这种背景下发生的，它肇始于意大利，从14世纪开始萌芽，在16世纪全面兴起，并逐渐从意大利向欧洲其他国家扩展，是一次以人文艺术革新为主的思想运动。在这场运动中，新兴资产阶级认为“中世纪”是无比黑暗的，他们要冲破黑暗。要想冲破黑暗，新兴资产阶级找到的重要武器是文化。他们认为，“中世纪”的封建教会文化是一种历史的倒退，而希腊和罗马的古典文化则是光明发达的典范，他们力图复兴古典文化，通过“复兴”古典文化解放人们的知识和精神。

文艺复兴运动使正被封建教会思想束缚的人们得到解放，他们开始拨开宗教的神秘面纱，探索人的内在价值，逐渐认识到“人”是一个新的具体存在，而不是封建主或宗教主的人身依附和精神依附。

文艺复兴运动充分肯定了人的价值，重视人性，成为人们冲破中世纪的层层纱幕的有力号召。文艺复兴运动对当时的政治、科学、经济、哲学、宗教观念等都产生了极大影响，是新兴资产阶级在思想文化领域中掀起的一场革命风暴，它一扫中世纪的思想阴霾，拉开了欧洲近代史的序幕。

“宗教改革”是 16—17 世纪之间在欧洲大陆掀起的一场基督教改革，马丁·路德率先在德国发起宗教改革，很快就席卷了整个欧洲。马丁·路德的一些基本教义成为“新教”的核心教条，“新教”作为早期资产阶级革命的思想旗帜，对后来的资产阶级革命产生了重大影响。

“启蒙运动”肇始于 17—18 世纪的法国，直接影响了法国大革命的爆发。“启蒙运动”覆盖自然科学、哲学、伦理学、政治学、经济学、历史学、文学、教育学等学科领域。

牛顿出生的时候，文艺复兴和宗教改革运动

已经完成，启蒙运动一触即发。牛顿是前两次思想运动的受益者，文艺复兴时期，哥白尼、伽利略和笛卡尔等人的重要学说为牛顿的科学研究提供了理论资源，而宗教改革所确立的新教教义几乎成为牛顿一生的思想信奉。牛顿接受了文艺复兴和宗教改革的思想遗产，成为启蒙运动的先驱者。

作为伟大的科学家，牛顿所持有的实证、逻辑、数理的精神，正是对中世纪封建神学和闭塞思想的挑战，与后来的启蒙运动一脉相承。历史学家认为，17 世纪后期科学革命的胜利为启蒙运动提供了先决条件。尽管我们今天所理解的“启蒙运动”主要是指人文社会科学方面的变革，但反封建的传统实际上从牛顿时代就开始了，牛顿是启蒙运动的科学先驱和重要的思想源泉。

除此之外，牛顿还用他的理性精神启发了启蒙运动的倡导者、核心人物伏尔泰（1694—1778），这位法国哲学家非常崇拜牛顿，坦言牛顿的科学思想给他无限的灵感和启发。

牛顿的科学研究与发现构成了启蒙运动的重要组成部分，他在力学、光学和数学方面的卓越发现，对于当时社会起到了真实的“启蒙”作用。牛顿与启蒙运动是相互影响的，他的伟大成就既是启蒙运动的直接成果，同时构成对后世的深远影响。著名思想家柏林在 1980 年的一段话是很好的说明：

> 牛顿思想的成就是巨大的；不管这些思想是否被正确地理解，整个启蒙运动的纲领（尤其是在法国）是自觉地建立在牛顿的原理和方法的基础上的，并且从牛顿的辉煌成就派生出启蒙运动的信心及其广泛的影响。这在后来转变为——的确，大大地创造了——西方现代文化。道德、政治、技术、历史、社会等等的某些中心概念和发展方向，没有哪一个思想和生活领域能够逃脱这种文化转变的影响。

牛顿生活在西方社会的重要转型时期，他的原理和方法直接开启了一个新的时代，牛顿因而成为西方社会历史发展链条中重要的、不可或缺的一环。在人类认识世界、改造自然的漫长历程中，科学巨子牛顿起到了重要的推动作用。

动荡的英国

牛顿漫长的一生，处于英国 17 世纪中期到

18 世纪初的大变革、大动荡时代，这一时期，正好是黑暗的中世纪结束，光明的现代世界诞生的过渡时期，是黎明前的黑暗，是孕育现代世界的温床。在三大思想运动的时代氛围中，17 世纪的英国发生了急剧的社会与思想变革。

16 世纪后半叶到 17 世纪前半叶，英国资本主义迅速发展，经济实力空前强大的资产阶级和新贵族越来越难以忍受封建王权的专制统治。更为严重的是，国王为了加强对国教的统治，采取各种手段迫害清教徒，双方的矛盾逐渐激化。

1642 年，牛顿出生的那一年，正值英国内战爆发，他在战争的背景下度过青少年时代。国王的保守力量和议会的新锐力量展开了全国范围的武装斗争。1649 年，国王查尔斯被送上断头台，议会军取得了战争的阶段性胜利，英国的内战是充满戏剧性的，议会军在 1649 年取得胜利之后，建立了激进的、信奉新教的共和政体，但这种政体仅仅维持了 10 年。1660 年，查理二世复辟，保守力量重新夺回了政权。直到 1689 年，以“光荣革命”为标志，资产阶级最终取得了胜利，建立了资产阶级政权。

在空前动荡的英国，战争使一些人流离失所，无家可归。与战争一起对普通百姓产生影响的，还有当时频繁发生的自然灾害，连年的粮食歉收带来了大面积的饥荒，流浪的农民构成了人口的重要部分。在那个时代，自然灾害对人们的生活造成了更严重的危害。1666 年，英国爆发了大面积的瘟疫，席卷整个伦敦，造成了大量的死亡，给当时人们的生活带来了空前的灾难。大瘟疫的一个重要原因源自科学流行之前人们的愚昧，这也是当时英国社会的一种普遍认识。当时的人们几乎天真地一致认为，洗澡是有损身体健康的。他们认为，洗澡水会渗入身体的毛孔，然后进入人的血液中，会引发感染，导致瘟疫。相反的是，常年不洗澡，皮肤就会油脂满布、藏满污垢，这样就可以隔绝所有的疾病。所以，在当时的英国，上至贵族，下至普通百姓，几乎都是常年不洗澡。瘟疫爆发的时候，牛顿 23 岁，是个即将毕业的剑桥大学学生，他亲历了这场巨大的灾难。

但这种愚昧的思想本身很快就将终结。作为世界资本主义的发源地，英国在 17 世纪完成了资产阶级革命，在其后的一百年中，依靠其强大的国力取得世界霸主的地位。牛顿生活的这一时期，在英国的历史中是一个过渡，是暴力革命与

资本主义经济交融发展的历史时期。

在战争的背景下，英国的社会经济发生了前所未有的变化。这时，英国已经出现了资本主义工业的萌芽，但整个国家仍然是以农场经济为主。牛顿出生的时候，英国已经出现了资本主义工业的萌芽，英格兰的一些城市已经开始兴起。

英国的社会结构正在悄悄地发生变化，一个由工匠和商人组成的新阶层正在逐渐形成，主要包括贸易商、小店主、药剂师、玻璃工人、木匠等，他们基本上已经可以摆脱农业生产维持生活，这标志着以制造业为主导的经济结构正在悄然形成。1776 年，英国科学家瓦特制造出人类历史上第一台具有实用性的蒸汽机，并迅速被应用到当时的交通与工业生产中，标志着“工业革命”的开始。这时，牛顿已经去世 50 年，但他的科学理论所产生的实际影响才刚刚开始。牛顿的科学成就成为工业革命的重要理论来源，被应用于后来的生产实践中，产生了巨大的生产力。

牛顿生活的英国，正是旧的科学价值退去、新的科学方法尚待建立的时代。笛卡尔和培根已经奏响了新的思维方式的号角，等到更加智慧的大脑去开拓新的局面。这时的英国，处于资本主义的上升期，处于科学发展的早期阶段。尽管各种新的科学思想和学说已经浮现，但各种“非科学”的观念依然十分流行，甚至仍然是主流的科学观念。科学正处于剧烈的变动中，这是科学发展的过渡时期，也是科学发展的黄金时代。时势造英雄，时代需要牛顿这样的科学家。牛顿继承了历史上的重要思想遗产，并以他的重要科学学说为英国的资本主义发展奠定了坚实的理论基础。

在历史学家的眼中，牛顿和他同时代的科学家们以严谨的“理性精神”和“科学方法”建立了近代科学研究的方法与范畴，拉开了“工业革命”的帷幕。牛顿的科学成就深深地影响了其后几百年的社会发展，他是超出自己的时代的伟大科学家，但他更是时代的产儿。在动荡的时代氛围中，牛顿出生、成长，逐渐成为举世瞩目的科学家，成为英国近现代史中一座不朽的科学丰碑。

第二章 天才的降生

牛顿于 1642 年出生于英国林肯郡沃尔索普一个相对殷实的农场主家庭，沃尔索普是一个很小的村落，位于英国的中东部。离最近的市镇格兰瑟姆（后来牛顿在这里上中学）大约有 11 公里，距离首都伦敦大概 80 公里。他的父亲老艾萨克是一个自耕农，母亲汉娜来自下层乡绅家庭。1639 年，老艾萨克继承了林肯郡沃尔索普教区的一片土地和一个大庄园，这个庄园，就是科学巨子牛顿降生的地方。

遗腹子

牛顿的祖先世代居住在这里，在小牛顿出生的时候，家族已经有了不错的财富积累，家族地位也略高于当地的一般平民。在当时的英国，自耕农是相对较低的阶层，牛顿的祖先这时已经跻身“底层贵族”的行列。牛顿的祖先靠辛勤的劳动积累了一定的财富，但没有一个家族成员受到过正规的教育。到了牛顿的父亲老艾萨克这一代，开始沾到了一点书香气息，这是因为老艾萨克娶到了艾斯库家的女儿，即牛顿的母亲汉娜·艾斯库。

艾斯库家族在历史上是受人尊敬的贵族，但到了汉娜出生时，这个家族已经没落。尽管这样，艾斯库家族的男孩子仍然受到了良好的教育，他们到了读大学的年龄，基本上都会去牛津大学或剑桥大学读书，毕业后顺理成章地成为受人尊敬的牧师或教员。在这样的家庭环境中成长，汉娜获得了不错的家庭教育，她是个有教养的女子。英国是一个崇尚贵族、格外注重社会等级观念的国家，如果按照当时流行的门第观念，老艾萨克是不可能娶到汉娜的。

巧合的是，艾斯库家族在那时出现了变故，经济和社会地位严重下滑，这才使得老艾萨克与汉娜的婚姻成为可能。老艾萨克在 1639 年继承了他的父亲在沃尔索普的所有房屋、土地等财产，他们两人于 1642 年 4 月结婚。

1642 年 10 月，英国的内战正酣，普通百姓正处于水深火热之中，汉娜迎来了人生中一个悲痛的时期。年仅 36 岁的老艾萨克在他们结婚仅仅 6 个月之后就去世了，留下了怀有身孕的汉娜。新婚的热情尚未完全消减，对未来美好生活的期待尚未来得及实现，她的丈夫就离开了人世，留下了腹中等待出生的胎儿，汉娜陷入深深的悲恸之中。她渡过了非常艰难且哀伤的一段时期，但她尽力照顾家里的农事，准备迎接即将到来的小生命。日子一天天过去，腹中的小生命也一天天成长。这一年的平安夜，她的身体开始阵痛，她预感到自己的孩子即将来到人间。母亲闻讯赶来照顾她，另外还雇用了当地的两个妇人前来协助。

圣诞日深夜两点钟，沃尔索普的庄园中传来一个婴儿略显微弱的哭声，小牛顿来到人间。

一家人沉浸在新的生命降生的喜悦中，但当他们仔细观察、照顾这个婴儿时，却陷入了巨大的忧愁中。牛顿刚生下来时瘦小孱弱，病态恹恹，非常没精神。当时很多人，包括他的外祖母，根据小牛顿的情况做出推测，认为他不可能活太久，随时可能夭折。晚年的牛顿这样回忆他出生后的情况：

“我刚出生时十分瘦小，装在一只夸脱罐[①]里都绰绰有余，当时我的体质也很差，很难想象我可以活得下来”。

他的体重太小，看起来难以存活下去。汉娜和她的母亲都非常着急，一时束手无策，于是汉娜让两个妇人到当地一位贵妇那里寻求帮助，并顺便取一些药物，但两个妇人心想，孩子这么瘦小，已经没有活下来的可能。她们坚信等她们返回的时候那个婴儿已经死掉了，于是故意在半路停下来休息。

让所有人感到惊喜的是，小牛顿竟然奇迹般地活下来。

谁也没有料到这个看起来微不足道的小生命会成为震古烁今的科学巨人，并且活到了 84 岁高龄。这似乎是冥冥之中的天意，上帝给予小牛顿无比瘦小的身躯，并让他坚定地活下来，正是因为那小小的身躯中蕴藏着伟大不朽的智慧。

1643 年的 1 月 1 日，牛顿在村子里受洗礼，这在当时是一个神圣的仪式。当时的人们或许根

①夸脱，是英国的容量单位，1 夸脱约合 1.136 升。夸脱罐是用来盛放液体的玻璃罐子。

本不可能预想到，正是这个孱弱的婴儿，几十年之后在科学上大有所为，用自己的科学成就深刻地改变了未来的世界。

母亲改嫁

牛顿出生后不久，英国的内战形势进一步升级，战争几乎蔓延到整个国家。处于沃尔索普乡下的小牛顿母子，度过了一段较为平静的生活。老艾萨克为他们母子留下了相对殷实的遗产，汉娜小心翼翼地经营着自己的庄园，照顾年幼的孩子。在那个战乱的时代，小牛顿与她的母亲度过了他人生中最初的、也是最幸福的 3 年。

1646 年夏天过后，战争形势稍稍平息，议会军取得了阶段性的胜利。这时的牛顿已经 3 岁了，母子俩相依为命，缺乏父爱的小牛顿，在懵懵懂懂中对母亲的依赖比其他孩子更加强烈。但就在这时，影响他一生的重大事情发生了。在今后的很多年中，他回忆起 3 岁的时候，都会充满感伤、困惑甚至仇恨。

牛顿的母亲汉娜在这一年再次结婚，嫁给了当地一位上了年纪的牧师。这位牧师名叫史密斯，生活在距离沃尔索普约 16 公里的北维萨姆教区，他出生在一个富裕的地主家庭，受到过良好的教育，1601 年毕业于牛津大学的林肯学院，史密斯的第一任妻子在 1645 年去世。

史密斯先生非常急切地希望娶到这位年轻的妻子，但他非常不情愿接受一个 3 岁的孩子。他们结婚前达成了一项协议：汉娜嫁给史密斯并跟他到北维萨姆居住，汉娜与前夫的孩子必须留在沃尔索普，为了补偿小牛顿，史密斯先生给他留下一块价值 50 英镑的土地，等他 21 岁时就可以合法继承。

史密斯和汉娜于 1646 年 1 月结婚，这时史密斯先生已经 63 岁，而汉娜不过 30 岁左右。汉娜和史密斯先生结婚之后，他们就离开了沃尔索普，前去史密斯先生工作的北维萨姆教区居住。

汉娜选择再婚本来无可厚非，但缺少父爱、年仅 3 岁的小牛顿独自留在家中，这是让人感到不可思议的。汉娜在这件事情上肯定经过痛苦的思考与挣扎，或许她有难言之隐。但在今天看来，汉娜的这一行为多少有些让人难以理解，是一种无比残忍的行为，给年幼的牛顿造成了难以弥补的伤害。

从 1646 年到 1653 年的七年时间里，牛顿被留在沃尔索普由他的外婆抚养。继父史密斯先生对牛顿非常冷漠，从来没有真正关心过他，相关材料显示，直到他去世的时候，牛顿从未到他和汉娜居住的北维萨姆教区居住过。汉娜和史密斯在一起生活了7年，她为史密斯先生生了三个孩子。1653年，史密斯先生去世，再次守寡的汉娜不得不带着三个孩子重新返回沃尔索普。

小牛顿在外祖父母的照顾下长大，缺少父母的关爱，他度过了郁郁寡欢的童年。尽管他在长达七年的时间里由外祖母抚养，但牛顿很少回忆起外祖母，牛顿的记录和文字中从未回忆过她的任何温情，甚至连她的逝世，牛顿也未曾提起。

母亲改嫁对牛顿幼小心灵的伤害，并没有在外祖母那里得到安慰。对于缺乏父爱的小牛顿来说，3岁之后母爱的缺失对他的打击是巨大的。在3岁之前，小牛顿在母亲的细心呵护下，暂时获得了内心的安全感，并且对母亲有强烈的依赖感。但母亲将他交给两位老人来照管，很容易让牛顿产生忌恨心理的同时，导致自我怀疑。他本能地认为一定是自己做错了什么事情，或是犯了不可饶恕的错误，母亲才会这样决绝地离开他。

年幼时母亲的改嫁，改变了牛顿的人生轨

迹。童年生活对一个人性格的养成有重要的作用，牛顿后来性格中所表现出来的种种特征，都是在这一时期塑造的。牛顿沉默寡言，性格倔强，这种习性与他的童年心理密切相关。母亲的改嫁对牛顿的心理造成了严重伤害，独特的家庭背景和孤单的童年经历造成了牛顿性格中孤立、冷漠的一面。综观牛顿的一生，在大部分时间里，他都习惯于一个人生活。著名的牛顿研究专家怀特先生有一段详细的论述：

> “母亲的再嫁对他的伤害太深，直接影响了牛顿日后对女人的态度。那种悲痛所引起的效应纵然无法以量计算，并且对不同的个人也因环境影响而各异，但以牛顿的情形而言，他那不甚完美的人格应可归咎于他早年遭受的伤害。”①

现代心理学理论认为，童年时代留下的心灵阴影会影响一个人一生的性格塑造与行事方式。在出生时父亲就已经去世的不幸中，3 岁的小牛

①[英]迈克尔·怀特著，陈可岗译：《最后的炼金术士：牛顿传》，北京：中信出版社，2004 年，第 19 页。

顿在对母亲的极度依赖中被强行与母亲分开，这对牛顿人生道路的影响几乎是决定性的。牛顿在日后所表现出的性格的偏执、孤傲，以及对外在世界的强烈不信任感，几乎都可以在“母亲改嫁”这一幼年事件中找到心理深处的根源。

投入自然的怀抱

到上学年龄后，牛顿每天步行到村中的学校上学，在那里，他主要的功课是识字、学习《圣经》、背诵计算表。在学校里，牛顿慢慢找到了“自我”，他逐渐摆脱了不幸的家庭带来的孤独感，将自己投入自然的怀抱。上帝对牛顿是公平的，在关上了“亲情”这扇门的同时，为牛顿打开了“自然”这扇窗。应该指出，童年的牛顿是不愿与人沟通，但他与自然无比亲近。牛顿徜徉在沃尔索普的自然风光中，在其中获得了极大的安慰与乐趣。

在大自然的怀抱中，在沃尔索普庄园的美丽风景中，牛顿常常独自一人孤独地面对自然景物。牛顿长时间地沉浸于对自然的观察与冥想中，他在这一时期养成了深入思考的习惯，并获得了永不枯竭的惊人的想象力。科学家牛顿正是在童年的孤寂中养成了独立观察思考的习惯，为今后的科学之路打下了坚实的基础。

母亲的改嫁虽然给牛顿带来了难以估量的伤害，但也为小牛顿带来了一些福利。其中，史密斯先生的一部分遗产对于小牛顿的成长具有重要意义。史密斯生前收藏有很多书，还有一本精装的笔记本，它们在史密斯去世之后成为牛顿所“继承”的遗产。这批藏书大约有 250 册，牛顿如饥似渴地阅读这些书，它们成为牛顿宗教知识的重要启蒙。

史密斯的笔记本简直成了少年牛顿思想驰骋的舞台，这个笔记本留有大量的空白页，牛顿在上面写满了各种笔记。牛顿习惯于在各种笔记本上记东西，这个铸造了伟大科学家的好习惯，是从这个精装笔记本开始的。后人发现，这个笔记本记录了少年牛顿内心的孤独与愤恨情绪，以及对各种自然现象最初的思考。

可以说，“科学巨子”牛顿那些改变人类历史进程的重大学说与发现，恰恰是在这个笔记本上萌芽的。值得注意的是，勤于记笔记这一良好的习惯，被牛顿一直坚持下来，它们可能是对一段经典科学思想的抄录，也可能是对某一自然现象的困惑，或者是对某一学说的假想与实验设想。牛顿做笔记的目的是为了阅读，他逐字逐句地抄写了大量的书籍和手稿，有时同样的原文他会抄写好几遍。他这样做，是通过这一反复的过程进行推理和冥想。

一本本写满牛顿文字的笔记，就像是一层又一层攀登的梯子，牛顿数十年如一日地攀登，当他“蓦然回首”时，他已经站在了世界科学的最高峰。细心、勤奋、坚持，这些优秀的品质，在少年牛顿的身上，已经展露无遗。

失之东隅，收之桑榆。从出生和家庭背景来看，牛顿的童年是非常不幸的，但从另外的角度看，对于科学家牛顿来说，这样的童年又是异常幸运的，独特的童年经历使牛顿过早地独立面对这个世界，并养成了深入思考问题的习惯，科学之门正等待他打开。

第三章
格兰瑟姆中学

在与外祖父母一起生活了 7 年之后，母亲汉娜重新回到了沃尔索普，她还带着与第二任丈夫史密斯所生的 3 个孩子。母亲的归来，似乎并没有唤起牛顿过多的幸福感，他依然是那个郁郁寡欢的少年。在母亲汉娜的心目中，牛顿应该成为一个像他父亲那样的农场主，继续经营自家的庄园。虽然母亲支持他继续上学读书，但对他的学业并不抱任何希望，她只是在等待牛顿长大。

克拉克先生的药房

1655 年，到了上中学的年龄，牛顿进入格兰瑟姆的文法学校读书。直到 1661 年牛顿离开这里到剑桥大学读书，这 5 年多的经历对于少年牛顿来说，是非常重要的。这一时期，牛顿的天赋得以呈现，他的思维得到了最大程度的激发，奠定了科学家牛顿的智慧基础。

格兰瑟姆文法学校是皇家中学，着重教授拉丁文。那时英国通用的是拉丁文，所有的大学讲义、学术书籍、公文、圣经，都用拉丁文书写。在那个时代，做牧师、学者、官员是最受欢迎的职业，要想长大后从事这些职业，孩子们必须先入文法学校。文法学校的课程设置，除拉丁文之外，还有数学和神学。数学主要是几何学，训练学生合理地思考与证明问题的能力。神学，就是关于基督教的神的学问，在当时的中学是很重要的一门课。那时的文法学校还没有理科课程，因为自然科学还没有发展到足以设置学科进行教授的程度。

牛顿进入这所中学读书时，剑桥大学毕业的斯托克斯先生恰好担任校长。斯托克斯先生是最早认识到牛顿具有惊人科学天赋的人之一，他对牛顿的早期学术事业提供了至关重要的帮助。

格兰瑟姆中学距离沃尔索普有十几公里的路程，牛顿没有办法天天回家，只有选择住校。经过舅舅的联络与帮助，他得以寄宿在当地的药剂师（既从事配药工作，也是执业医师）克拉克先生的家里。

牛顿在这里度过了几年的时光，克拉克先生的药房对于牛顿来说，简直是一个乐园。克拉克先生非常喜欢孩子，并且喜欢以一种诙谐的方式与孩子们谈论各种药品，鼓励充满各种疑问的小牛顿提出问题。

放学后，小牛顿通常会第一时间跑回克拉克先生的药房，克拉克先生看到小牛顿回来，自然特别高兴，于是他们一起待在药房中，随便谈起某种药品，小牛顿总会有各种各样的疑问，克拉克先生都会耐心地给予解答。著名的牛顿研究专家怀特先生曾生动地描述牛顿在克拉克先生的药房中的幸福时光：

“牛顿觉得学校的功课乏味，因此到处寻找可以启发智慧的知识，而药房正巧是充满神奇的地方。它贮藏各种各样的化学药品，所有记录在案的医疗配方都可以用化学药品配制，再卖给病人服用。药房的墙壁木架上摆满一瓶瓶五颜六色的粉末和液体，黄色的是硫酸，银白色的是水银，暗红色的是氯化钠。药房给了艾萨克最早期化学的概念，也给了他自行做实验的机会。”①

克拉克先生的药房，是少年牛顿唯一的乐园，他完全沉浸于那些化学药品的天地间。在克拉克家的这段经历，使小牛顿在头脑中确立了坚定不移的实验精神，他的动手能力在这些日子里也获得很大的提高，从而奠定了他一生对化学实验的浓厚兴趣。

进入文法学校读书，对于小牛顿来说，简直是打开了一个崭新的天地。但在最初的时间里，牛顿的学习成绩并不好，并且由于他身材瘦小，沉默寡言并且喜欢独来独往，经常被一些调皮孩子欺负。

在牛顿刚进入文法学校的那段时间，发生了对于牛顿来说非常重要的“一件小事”，正是这件“小事”彻底改变了牛顿的学习态度，激发了他内心深处的学习热情。有一天在上学的路上，一个同学故意踢了牛顿的肚子。牛顿怀恨在心，但他没有失去理智，而是决定等放学后狠狠地报复他。牛顿心想，“他竟然敢如此明目张胆地欺负我，我一定要狠狠地收拾他，让他知道我的厉

①[英]迈克尔·怀特著，陈可岗译：《最后的炼金术士：牛顿传》，北京：中信出版社，2004年，第25页。

害，让他输得心服口服”。放学后，牛顿和这个同学在教堂旁的墓地打了一架。这应该是牛顿一生中最精彩的一仗，虽然小牛顿比较瘦弱，没有对手健壮，但他斗志旺盛，意志坚定，直到将对手打得求饶。

这件事对牛顿幼小的心灵产生了重要的影响，唤醒了他的自尊心和竞争意识。从此以后，牛顿开始发奋学习，在成绩上超过了对手，并且一举成为全校拔尖的学生。“打架事件”就像牛顿心灵花园中带刺的荆棘，深深地刺痛了他。这件事几乎塑造了牛顿一生的竞争观念，在他后来的人生历程中，他始终怀有强烈的争胜心。

小牛顿在这一时期几乎不和伙伴们一起玩耍，他没有朋友，郁郁寡欢。但这时他遇到了巴宾顿先生，巴宾顿是克拉克夫人的弟弟，是剑桥大学三一学院的研究员，他因为拒绝宣誓效忠共和政体，被三一学院开除，赋闲在家。小牛顿寄住在克拉克先生家里的时候，巴宾顿先生对他非常关照，并且经常给他讲一些科学知识，还陪他做一些简单的实验。后来，牛顿就读于三一学院的时候，巴宾顿先生已经恢复三一学院研究员的身份。在牛顿后来的学习与科学生涯中，巴宾顿先生给他提供了很大的帮助。

《自然与艺术之谜》

牛顿不是一个呆板的学习者，他在学习学校所开设的课程之外，还在学校的图书室找一些书来读。在他 13 岁的时候，他看到了约翰·贝特的《自然与艺术之谜》，这是引导他通往科学道路的最重要的一本书。牛顿完全被迷住了，为了把书上的重要内容抄录下来，他特地花了两个半便士买了一个笔记本。

贝特的《自然与艺术之谜》初版于 1634 年，书中讲述了各种各样的奇妙机械和工具，还有制造它们的详细方法和说明。这本书的精彩之处在于，它详细介绍机械与艺术方面的试验，其中包括制作喷水系统和烟火、素描以及雕刻。《自然与艺术之谜》中的一些观点在今天看来可能是错误的，却代表了当时的科学认知水平。

比如书中对世界基本物质组成的讲述：

> “火、金、水、土是构成万事万物的四大元素，它们的组合变化是世界物质的基本原理。”

这本书出版的时代，人们缺乏数学基础，没有精确的技术工具，科学界对自然的认识还是遵循古希腊哲学家亚里士多德的“四元素”说。对于世界运动的原因，贝特的解释是“轻的部分向上升，重的部分则相反”，这明显受到了亚里士多德哲学的影响，体现了现代科学出现之前人们朴素的智慧。

牛顿这时对自然现象有强烈的好奇心，例如颜色、日影四季的移动等等。受到《自然与艺术之谜》的启发，他开始按照书中的提示，自己制作各种机械工具。他一边分门别类地记各种笔记，一边别出心裁地做些小工具和小发明。每天放学之后，牛顿并不像其他孩子那样去玩耍，他总是待在家里忙得不亦乐乎，他一个人随心所欲地制作各种各样的小玩意和各种木头模型。

小牛顿正是在这本书的影响之下，在机械制作、绘画素描等方面展露出了非常高的天赋。更为关键的是，这本书启发小牛顿对自然进行深入的思考，为他今后登上科学研究的巅峰打下了坚实的基础。

少年发明家

牛顿自行设计并制作了能够操作的机械模

型，这让他在当地小有名气。牛顿在当时制作的机械模型，最重要的是测量时间的工具，其中最著名的是他制作的日晷和水钟。

牛顿对古老的计时方式无比痴迷，一生都喜欢依靠观察太阳光影而不是钟表来判断时间。他特别喜欢制作日晷，9 岁的时候就曾经做过一个日晷。制作日晷不仅需要技巧，还需要一定的知识，可见牛顿在这时已经掌握了一定的知识。他还把好脾气的药剂师的屋子里塞满了历书和日晷，只要是阳光能照射进来的地方他都放一个日晷。他制作的日晷在当时已经非常准确，以至于后来家里人和邻居都用他的日晷来辨别时间。牛顿对这些日晷进行长时间的观察与记录，学会了区分太阳周期的方法。他能分别出“分点”和“至点”，还能准确地计算出一个月中的某一天。

17 世纪中后期的格兰瑟姆主要以农业为主，没有工厂，村民们习惯于日出而作，日落而息，只有驿站马车出发的时候吹喇叭，学校上课或教堂开始礼拜的时候才鸣钟通知。当时的计时工具非常简陋，时钟多采用沙漏时钟，当时的沙漏时钟由装有沙子的容器上下叠置而成。沙料通过两个容器之间的细管，从上面的容器落入下面的容器。学校每天早上的钟声一响，他们就把下面容器的沙全部倒进上面的容器内，让沙料开始流动，从下面容器的刻度上来辨别时间。

牛顿仔细地观察了沙漏时钟，发现了它的缺点。他认为，沙漏时钟很难使沙流的速度维持不变，上部容器内沙量的多少会影响沙流的速度；沙料间的相互强力挤压也影响沙料流入细管内的运动。这样一来，沙的流动会越来越快，时钟就不可能准确。

如何解决呢?

牛顿想到可以用水来代替沙，水漏时钟会比沙漏时钟更准确，只要开一个尽可能小的洞，水的流量容易保持不变。牛顿拿定主意之后，就开始动手制作。他向克拉克夫人借来了一个木箱，把木箱竖起来，然后在箱内较低的地方刻出上下重叠的两个水槽，上水槽的底部开一个洞，上槽装入水，水就一滴一滴地滴入下水槽中。牛顿还加上带动时钟指示的数字圆盘的装置，这个时钟能准确地标示时间并精确到了“分”的时间刻度。

牛顿的水漏时钟在村镇上引起了轰动，大家纷纷前来观赏。小牛顿在当时给人留下的最深刻印象是他对机械发明的热爱，这种热情给当时小镇的平淡生活增添了不少的情趣。

牛顿“沉思默想”的能力与超强的动手能力在这一时期已经显示出来。他善于自己制造各种机械工具，他对机械制造的热爱为他后来通过实验得出科学结论打下了坚实的基础。牛顿几乎将母亲给他的零用钱全部用来购买各种工具，其中包括锯、斧子、凿子、锤子等。他用这些工具建造了一个非常齐备的工具店，他用起这些工具来游刃有余，在别人看来，他仿佛天生就是干这一行的。

牛顿仔细研究了《自然与艺术之谜》中的机械模型图，并且跑到几里之外的地方专门去参观大型的风车，然后自己制作了一架运转自如的风车。牛顿还改变了风车的动力结构，他把一只老鼠放在风车上，老鼠怕掉下去而拼命地跑，于是风车就可以一直转动下去。

牛顿的发明多少有些“恶作剧”的成分，他特别喜欢别出心裁地制作一些引起人们注意的东西。有一次，他仔细研究了风筝的结构，自己制作了一只风筝，在风筝的尾部挂上一盏灯笼，在晚上点燃后，放飞风筝。天空中出现了这样一个“怪物”，令当时的人们非常惊讶。

牛顿沉浸于自己的发明和制作的同时，还进行着各种各样的有意思的实验。有一次，他从当地的一次展览会上带回来一块棱镜，非常认真地观察、研究，想弄明白它是如何影响光照的。虽然这次实验没有取得实际的效果，但这一举动为他日后发现重要的光学原理埋下了伏笔。

牛顿经常在户外练习跳远，测量顺风的时候比逆风时的成绩好多少，通过这样的方式来体验大自然的科学奥秘。

少年牛顿还表现出了出色的艺术才能。他在自己居住的阁楼的墙上用木炭画满了动物、人物和植物的素描，还有数学图形，心情好的时候，他会把自己的名字刻画在隔板上。基本的素描与绘画能力给牛顿的科学研究带来了基本的保障，他可以运用自己特有的方式记录自己的思想和发现，在提高效率的同时进行着积极的创作活动。

这一时期的牛顿，在别人的眼中是一个严肃、沉默寡言，然而非常善于思考的少年。他从来不和其他男孩一起玩耍，但偶尔会给克拉克先生家的女孩子制作一些玩偶和小饰品，牛顿经常把他的工具存放在克拉克先生家的阁楼上，为克拉克先生家里的小女孩们制作各种各样的洋娃娃的小房子，并因此获得了她们的关注与爱慕。

心灵手巧的牛顿沉浸在实用创造的世界中，这不仅展示了他非凡的创造力，而且直接造就了他不同寻常的未来。在格兰瑟姆读中学时，牛顿已经能够游刃有余地使用各种机械工具，加上他的素描技能，这使他后来拥有出色的实验能力。在此基础上，牛顿经过长年累月的思考与实验，渐渐演绎了世界万物运行的轨迹，最终揭示出自然世界的运动体系。思考、勤奋和机遇给他的洞察之眼指出了一些为数不多的、简单而普遍的真理。牛顿在少年时代显现出成为伟大科学家的潜质。

第四章
少年牛顿之烦恼

牛顿的少年时代与大部分的同龄人不同，母亲改嫁所带来的伤痛在他心中持续发酵，处于叛逆期的牛顿有很强烈的心理起伏和偏执的少年叛逆行为。读完中学的牛顿还面临了永远辍学在家的危险，但最后，少年牛顿的这些烦恼统统被抛在了脑后，他度过了叛逆、孤独的少年时代，即将成为剑桥大学的一名青年大学生。

少年的愤恨

母亲在小牛顿 3 岁时离开他，7 年之后，牛顿十岁了，他的母亲带着三个陌生的弟弟妹妹返回家中。这一切是多么的让人难以接受。“母亲为什么在我最需要她的时候离开？为什么要带着三个弟弟妹妹来分割我错失的爱？”实际上，3 岁到 10 岁的年龄段，正是一个孩子成长的关键期，是心理的形成期和敏感期。

少年牛顿是愤恨的，虽然母亲回来了，但是母亲抛弃他的事实难以改变，他的内心创伤难以弥合。他这时已经习惯了没有母爱的生活，处于叛逆期的小牛顿，对于母亲的归来，在内心深处有一种强烈的排斥和抵制心理，母子之间已经产生了难以弥合的隔阂。

他痛恨史密斯，同时怨恨自己的母亲，因此很容易对周围的人和事怀有一种强烈的报复与敌对情绪。在他幼小的心灵中，是一个陌生的男人夺走了母亲，他们就住在不远的地方，却不能生活在一起。

这时的牛顿孤独，叛逆，内心充满了仇恨。查看他这一时期的日记，或者之后对这一时期的回忆，我们会发现少年牛顿的内心世界。

他的日记中有很多地方记录了他对母亲的叛逆和敌对：

> 母亲让他回家时，倔强不肯回家，书包里藏有一把石弓却向妈妈和外婆说谎。
>
> 违背母亲的话，拒绝和他们亲近。
>
> 经常跟母亲闹别扭。

故意和仆人一起跑出去玩。

这种叛逆有时候会升级为对母亲和史密斯的仇恨，他的日记中甚至出现了这样的记录：

他曾希望死亡降临到一些人身上，诅咒他们死去。

曾经威胁要将继父和母亲连同他们的房子一起烧掉。

当然，这可能是他心情非常差的时候的气话，可见小牛顿内心的"仇恨"，这种非常压抑的心理，有时候在他的日记中体现为一种孤独和无助感：

"一个小家伙！我很无助！他面色苍白！没有我的容身之处；在房子的顶楼——地狱的底层；他将来能干什么呢？"

"我要摆脱现在的生活，我不知道该怎么做，我只有哭泣。"

更多的时候，内心的愤恨与压抑会表现为一种易怒情绪、暴力倾向和报复心理，他在后来的回忆中有这样的忏悔：

曾在一个小男孩的帽子中放大头针戳人家。

他和其他男孩子打架，经常被打得鼻子流血。

曾用拳头打过自己的一个妹妹，甚至殴打过多人。

有一定的暴力倾向，对很多事情缺乏耐心。

对妹妹不耐烦，经常打妹妹。

这些记在笔记本上的自我忏悔，显示了少年牛顿内心的纠结与不安。童年的不幸为他性格的阴暗面埋下了种子，这是盘踞在牛顿内心深处的负面力量，并且深深地影响了他以后的生活。

牛顿的少年时代既是无比充实的，又是无比孤独的。他非常喜欢制造种种机械器具，以其独特的天赋，陶醉于机械制作的乐趣中。不幸的是，内心的创伤使他在性格上趋于自我封闭，以至于整个少年时代都在郁郁寡欢中度过。

这是一个孤独而封闭的少年，他对于包括母亲在内的人的世界有一种深深的不信任感，沉迷于各种自然现象和机械制作中。虽然内心有种种愤恨，但毕竟母亲已经回到身边，他内心的孤独与怀疑得到了一定的缓解。

如果说母亲的归来在一定程度上安慰了孤独的小牛顿，母亲在他中学即将毕业时做出的决定，则再次让他陷入深深的烦恼与无助中。在牛顿渐渐适应了在母亲的照顾与陪伴下读书学习，并怀着对未来的美好愿望进行学习与研究时，母亲决定让他退学回家管理农场，这对他来说简直是一场灾难。

辍学在家

虽然汉娜成长在一个没落的贵族家庭，并且受过不错的家庭教育，但她一向对教育不够重视，只是在她的哥哥——受过剑桥大学高等教育的威廉的一再坚持下，与外祖父母生活在一起的牛顿才得以进入文法中学读书。1659 年，牛顿即将中学毕业，他的学习成绩名列前茅，并且在机械制造、科技发明等方面表现出了超高的天赋。这时，斯托克斯校长已经充分认识到牛顿的天赋，他热心地告诉牛顿的母亲汉娜，牛顿有很高的天赋，是个不可多得的科学人才，他应该进入大学继续学习。

但出人意料的是，斯托克斯校长的热心并没

有征得汉娜的同意。1659 年秋天，汉娜将他召唤回家，希望他能经营管理家里的农场。她看不出让儿子继续接受教育有多大的价值，她的丈夫已经向世人证明，即使不识字也可以轻松地管理农场。在汉娜的内心深处，这个家庭唯一要紧的事情就是好好地经营自家的庄园，因为这是一个家庭财富的来源。她已经失去了两任丈夫，她不希望一直由自己亲自管理庄园。如果牛顿去读大学，那就意味着她的大儿子会彻底离开这个庄园，这是她不愿意接受的。

年轻的牛顿愿意接受母亲的这一决定吗？他愿意从此做一个农场主、终老此生吗？

牛顿非常沮丧地回到家中，他很不情愿地承担起管理农场的义务。在母亲的安排下，他开始照看羊群，采收玉米，定时到集市上去采购物品。

牛顿在经营农场期间，对农场中的一切事务表现出异常的厌恶，他尽可能躲避这些事务，经常偷偷去看书学习。在家里变得非常喜欢争吵，非常容易发怒，动不动就对仆人们大发脾气，这样反常的举动是被迫离开学校而产生的极度挫败感造成的。

牛顿在这一时期是困顿的，他看不到自己的

出路，有一种深深的绝望感，特别容易暴躁。牛顿采取一种消极的方式对待农场的管理，心思完全不在农场上面，做出了很多蠢事。他因为自己拒绝管理农场和“愚蠢”的行为而闻名乡里。看到牛顿这样的行为，他的母亲非常气愤，母亲希望他能成为一个合格的农民和农场的管理者，因为这是天经地义的，这样发展下去，他们的生活安定，并且越来越殷实。

这一时期的牛顿在邻居和佣人的眼里简直是一个谜，他经常脾气乖戾，心不在焉，又蠢又懒。他有时候会忘记吃饭，经常冲母亲和弟弟妹妹发火，甚至责骂佣人。在仆人的眼中，这是一个“傻小子”，在他们的认识中，这样的孩子永远都不会有大的作为。但后来的事实证明，他们想错了，他们的眼光过于狭隘。

多年以后，在欧洲科学界已经赫赫有名的科学家牛顿，在回忆这段人生经历时，一定会感慨万千。已经在学校打开一个鲜活世界的牛顿，难以容忍乡村呆板无望的生活。经过文法学校几年的学习，他面前已经展开了一个知识的广阔天地。他的思想早就溢出了沃尔索普的庄园，内心渴望到更广阔的地方去驰骋。

辍学在家的那段时间，牛顿的心一直向往着克拉克先生的书房。克拉克先生有个哥哥是中学教师，他将生前收藏的一批书籍遗赠给了克拉克先生。药剂师克拉克先生平时工作繁忙，没有时间也没有兴趣整理并阅读这些书。牛顿对它们有强烈的兴趣，他说服克拉克先生，他愿意帮助整理这些书籍，同时可以阅读这些书。克拉克先生愉快地答应了，并且允许他每个星期六在药房后面的小房间里看书。

那是牛顿最快乐的时光，他可以自由地沉浸在阅读与思考中。这些书内容丰富，包括物理、解剖、植物、哲学、数学等内容，这是牛顿第一次接触到基础科学的相关知识。少年牛顿从这里第一次读到了培根、笛卡尔、亚里士多德、柏拉图等伟大人物的思想学说。每个周六，牛顿和仆人到集市上采购物品的时候，他都吩咐仆人自己去购置，而他则躲在克拉克先生的房间里偷偷阅读，书籍让牛顿开阔了眼界，并给予牛顿比学校更加完整和实用的教育。

重新起航

牛顿注定不是一个善于经营的农场主。我们

知道，几年之后，世间少了一个拙劣的农场经营者，却成就了一个震烁古今的科学家。

牛顿的舅舅是剑桥大学的毕业生，他看到牛顿喜欢读书，勤于思考，有钻研精神，觉得牛顿不应该一直做一个农夫。于是，他劝汉娜让牛顿继续读书。与此同时，斯托克斯校长再次认真劝告汉娜，牛顿极具天赋，不应该被埋没在乡村俗务中。他用非常郑重的语调说：

> “尊敬的夫人，您知道，您的儿子具有非凡的才能，他这点年纪就有了惊人的发明，他心灵手巧，具备远远超出他年龄的奇妙的洞察力。我以上帝的名义向您保证，他会成为一位非常了不起的人。”

斯托克斯校长还表示愿意在经济上为小牛顿提供资助，免除他的膳食费。就这样，母亲才同意牛顿返回文法学校继续读书。威廉舅舅和斯托克斯校长慧眼识英才，为牛顿提供了一条通往科学殿堂的道路，这才使牛顿不至于埋没于乡村的农事中，为后世贡献了一位伟大的科学家。

上帝是青睐这个少年的，命运最终选中了牛顿作为现代科学技术的奠基人。牛顿在农场非常不适应地度过了几个月的时光，就很快离开了家乡，继续求学。

1660 年秋天，牛顿返回格兰瑟姆为考大学做准备，斯托克顿先生为他安排了额外的拉丁语和希腊语的学习与训练，以便适应大学的课程体系。通过勤奋的学习，牛顿顺利通过了剑桥大学的入学考试。

在毕业典礼上，斯托克斯校长当着全体师生和学生家长的面，把他的得意门生带到主席台上，对牛顿大力赞扬：

> “这个班级里最使皇家学校感到自豪的学生是优秀的艾萨克·牛顿，我要求所有的孩子都以他为自己的榜样。”

对于牛顿而言，一个更加光明的未来正在向他招手，那就是久负盛名的剑桥大学。

斯托克斯校长、威廉舅舅为他进入剑桥大学扫清了障碍。巴宾顿先生这时已经返回剑桥大学工作，他凭借自己在三一学院的身份和地位，为牛顿进入剑桥大学做了关键的引荐。少年牛顿应该感激这三位长者，他们一起为他进入剑桥读书扫除了障碍，铺平了道路。

尽管如此，沃尔索普的仆人们依然认为牛顿“一无是处，只配上上大学而已”。天才总是孤独的，他需要背负着大多数人的误解和蔑视。始终坚信自己，在自己认定的道路上坚定不移地走下去，经历黑暗，方见光明。这是一条漫长的科学之路，正等待牛顿去跋涉。

第五章
牛顿之前的科学

科学研究是一个不断积累、不断突破的过程，人类的科学研究本身就是一个不断突破前人研究、纠正前人观点的过程。只有充分吸收前人的研究成果，才能在它们的基础之上指出错误所在，提出新的观点。牛顿也不例外，牛顿的那些著名的科学学说并不是空穴来风，而是在前人的基础上取得的突破性进展。

牛顿生活在科学史的转型时期，那时，旧的尚未完全破除，新的已经滚滚而来。牛顿就是那滚滚而来的新的科学潮流中的“弄潮儿”。

僵化的科学

在牛顿之前的漫长的中世纪，科学有两个显著的特征：第一，以亚里士多德的古希腊哲学体系为核心和主流。第二，科学是与神权紧密结合在一起的。

古希腊文化是人类科技文化史上的瑰宝，那个时代建立的宇宙观、天文学理论和数学理论，一直延续到中世纪，是人们信奉的基础。

这一时期流行的宇宙观以亚里士多德创建的“四元素”说最为典型。亚里士多德（前 384—前 322），是古希腊著名的哲学家，“百科全书”式的科学家。亚里士多德的观点不仅在当时具有重要的影响，而且对后代的影响巨大，它几乎成为后世认识世界、思考世界的基本依据。

亚里士多德认为，整个宇宙是有水、火、土、气四种元素混合构成，它们分成不同的层次。水沉落到空气之下，坚硬的泥土沉降到水和空气之下，火则上升到空气的上方，居于宇宙的最高层。在亚里士多德的自然哲学体系中，物体的运动是按照“因果关系”依靠物体所拥有的四元素（火、气、水、土）的多少来解释的，也就是说，物体因为自身特定元素的重量的多少或升或降，它们向着各自的自然位置移动。它遵循这样一种宇宙观：地球位于中心，太阳和其他行星围绕在周围。亚里士多德认为，天体运动是由上帝决定的。物体只有在外力推动下才运动，外力停止，运动也停止。他认为上帝是一个“不动的动者”，没有它的操控，宇宙间万物将不会有任何运动。是他维持天上星辰的运动，促使太阳和行星环绕地球运转不息。

在对宇宙间的体系的认识中，亚里士多德认为地球是宇宙的中心，坚持“地心说”。“地心说”在后来的天文学家托勒密（90—168）那里得到了集中的阐释，他是“地心说”的集大成者，建立了宇宙的地心体系，认为地球居于宇宙的中心，日、月、行星和恒星都围绕它运行。在托勒密的进一步阐释下，“地心说”成为 17 世纪以前人们认识宇宙的基本观点。

传统的数学知识是由算术、几何和代数知识构成的。在古希腊时期，数学家们已经有非常成熟的算术技巧，毕达哥拉斯（前 572—前 497）最早悟出万事万物背后都有数的法则在起作用，发现了毕达哥拉斯定理，就是今天大家熟知的勾股定理。其后的古希腊数学家欧几里得（前 330—前 275）对之前的数学知识进行综合与总结，写成了《几何原本》这一经典几何学著作，它作为数学教科书被使用了两千多年，因而被称为“几何之父”。欧几里得数学在训练人的逻辑思维能力上有非常重要的作用。

中世纪在封建神权思想的严格控制下，科学几乎没有取得任何突破性的进展。这一漫长时期的科学继承了以亚里士多德、欧几里得和毕达哥拉斯为代表的古希腊哲学传统，并且在神权思想的控制下，愈发僵化。

亚里士多德关于“地心说”和“不动的动者”的宇宙理论，与《圣经》教义有内在的契合点。他们进行了扭曲化的理论融合，认为上帝创造了宇宙，并引导万物运行。宇宙间所有的运动不仅由上帝发动，并且完全由上帝操控。亚里士多德的学说如宗教一般不可侵犯，长期以来从未受到质疑。这一时期的天文学几乎等同于占星术，人们倾向于认可星象在人类生活中的决定性作用。这时的化学仍然是炼金术，他们企图通过魔法来让其他金属变成金子。总体来说，在牛顿生活的 17 世纪以前，科学理念是非常僵化的。

亚里士多德的学说和方法本身具有很大的科学价值，但是被中世纪的教会融进了宗教方面的内涵，进行扭曲的利用，被教会“神圣化”，与基督教的教条紧密地结合成一体，形成一套不容置疑的世界观，严重束缚了人们的思想，制约了科学的发展。从 13 世纪到 17 世纪，这种情况延续了长达 500 年之久，不容许任何置疑和挑战。如果有人对亚里士多德的学说产生怀疑，就是对基督教的教义进行质疑，那么这个人就要接受严厉的惩罚。任何科学家想要公开向当时的权威科学理论提出挑战的话，都会有生命的危险。

在 17 世纪上半叶，人类对地球与天体的认识比以往大大加深了，“科学革命”正以势如破竹之势迅速展开。

反叛与新说

随着人类理性意识的觉醒，中世纪僵化的科学理论体系遭到一些科学家的反叛，科学革命的星火已经点燃。

随着航海技术的发展，人们的视野得以打开，1492 年，哥伦布发现新大陆，麦哲伦环球一周成功。这些壮举，为新的科学学说的提出打下了基础。这一时期，地球是球体的事实已经变得无可争议。随着 16—17 世纪文艺复兴时代的到来，科学观念发生很大变化，以前有关地球运行规律的传统认知遭遇了前所未有的挑战。

对天文学上权威的“地心说”的叛逆，首先起始于哥白尼（1473—1543 波兰思想家），在天文学方面提出的新学说，之后是开普勒和伽利略掀起的“天文学革命”。

1543 年，哥白尼的《天体运行论》出版问世，标志着科学界的旧秩序受到了最严重的挑战。哥白尼向亚里士多德和托勒密的“地心说”理论提出了挑战，他并不认为地球是整个宇宙的中心。他认为，宇宙的中心应该靠近太阳，这就是著名的“日心说”。他认为，地球与行星围绕太阳转动，月球围绕地球转动。产生昼夜之别的地球每日旋转并不是因为太阳绕地球转动导致，而是因为地球本身也在转动。

哥白尼生前没有出版自己的著作，直到临终前，他才同意出版自己的论著。在这些著作中，哥白尼大胆地提出了“日心说”。与中世纪流行的“地心说”相比，虽然哥白尼的“日心说”并不完全正确，但他的观点更接近现代科学。哥白尼的“日心说”虽然遭到了一些教派的强烈反对，却获得了来自科学研究领域的支持与呼应。后来人正是利用他的学说打破了旧传统的束缚，树立了科学的思想。

在哥白尼的著作问世半个多世纪之后，德国天文学家开普勒（1571—1630）出版了《宇宙学之谜》，重申了哥白尼的学术观点。开普勒通过精准的观测仪器获得了详尽的观察数据，纠正了哥白尼的学说。他得出一个结论，行星围绕太阳运行的轨道不是哥白尼说的圆形，而是椭圆形。以此为基础，开普勒于1609年提出了行星运动的三大定律。

随后，意大利科学家伽利略运用天文望远镜详细观察了绕木星运动的卫星，进一步证实了开普勒的定律。

伽利略的观点对罗马天主教传播的教条构成了严峻挑战，受到教皇的公开指责。1616年，教堂公开声称相信日心说者为异教徒，将会被处以死刑。1632年《两大宇宙体系的对话》一书问世之后，日心说其实已经传遍了欧洲。1633年，伽利略被捕入狱。

哥白尼、开普勒和伽利略等科学家的一系列观点，掀起了一场声势浩大的“天文学革命”，彻底颠覆了以亚里士多德和托勒密为核心的“地心说”。

与天文学革命几乎同步的是，在物质本性、宇宙本性、物理运动、科学方法等方面，一些激进的科学家提出了各种学说，对中世纪流行的僵化科学产生强烈的冲击。

伽利略通过周密的物体滚动与落体实验，证明了亚里士多德“不动的动者”这一观点是荒谬的。他认为，物体的运动是由于惯性，除非有外在的阻力，否则物体会一直运动下去。

伽利略坚定地反对“四元素”说，信奉原子论。随后，英国哲学家波义耳（1627—1691）在一项公开的实验中，证明了火不是自然界的一种基本元素。波义耳是一位坚定的实验主义者，他通过实验发现，金子能够抵御火，还能够与别的金属做成合金，最后还可以恢复为金子。这就证明了有一种不改变的黄金“微粒”存在，四元素说是不成立的。

除此之外，笛卡尔、培根等科学家还建立了科学的研究方法。培根建立了一套“以严格的逻辑推理为指导、用实验来证实”的方法体系。他指出，认识、解释自然的正确方法不是阅读包括亚里士多德在内的古代思想家的著作，而是要直接研究自然。培根的科学方法奠定了科学革命的基础，包括牛顿在内的世世代代的科学家都从他这里受益。另一位哲学家笛卡尔，认为宇宙万物存在着一种机械的力，应该用分析的方法去研究“机械哲学”。

这一时期的数学也得到了较大的发展，阿拉伯人的代数理论及其发明的星盘传到了西方世界，极大地提升了人类的运算能力和知识水平。更为重要的是，他建立了笛卡尔数学坐标系，更新了欧几里得的几何学，在数学上沿用至今。更加复杂的几何学思维和更加简易的代数理论，为后世的物理学、天文学研究，提供了非常重要的工具。

中世纪就像是一个黑暗而漫长的时空隧道，牛顿生活的 17 世纪，一系列革命性的科学学说相继出现，隧道即将到达尽头，人们已经看到了现代科学的曙光。逐渐地，由亚里士多德、托勒密所建构的知识与思想大厦崩塌了，被新的学说所替代，被以精准数学为基础的精密观测仪器所取代，被科学的现代实验所取代。至此，数学、实验紧紧地汇聚为不可阻挡的力量，人们对宇宙的认识开始发生前所未有的改变。

牛顿的起点

牛顿登上科学舞台的时候，正是欧洲的科学研究急剧变动的阶段。这时候，亚里士多德的那些陈旧观念依然是大学里的重要知识，但是，这种知识架构已经开始松动，它受到一些新锐科学家的猛烈攻击，不管是科学观念，还是科学方法，都开始出现新的声音。牛顿在这种转变的氛围中走进剑桥大学，开始了他的科学研究。这是一个除旧布新的时代，这就是牛顿的起点，既是千载难逢的机遇，也是史无前例的挑战。

面对前人的科学成就，牛顿主要做了两个方面的工作：

第一，进一步反叛传统，揭示以亚里士多德为代表的传统科学的错误。

第二，在已经出现的新学说的基础上，进一步研究、实验，综合前人的研究成果，取得更大的突破。

两个人的观点和理论对牛顿产生了至关重要的影响，一个是法国哲学家笛卡尔（1596—1650），另一个是意大利天文学家伽利略（1564—1642）。他们公开挑战亚里士多德的学说。笛卡尔提出了几何理论和机械哲学，他想象宇宙中充满了肉眼看不见的物质，它们形成巨大的旋涡，促使星球向前运动。伽利略则用几何学的思维方式研究运动，他认为物体都是由相同的物质构成的，所以物体下落的速率相同。牛顿通过不同渠道获得了这些知识，它们在丰富牛顿知识储备的同时，也构成牛顿反思与质疑的对象。

在牛顿之前，只有伽利略进行过真正意义上的实验，伽利略通过大量重复的实验，证明了亚里士多德的理论是错误的，他也是第一个证实亚里士多德观念（不动的动者）错误的人。他被誉为是第一位现代物理学家，使物理学走上了正确的道路。在科学史中，伽利略是牛顿之前最伟大的物理学家，他的实验论证为牛顿铺平了道路，他通过自己的实践创立的“以数学作完整的推演，以实验作最后的证明”的科学方法，成为现代科学研究的圭臬。

牛顿的科学研究得益于很多前人的科学研究打下的基础。但从个人的角度看，牛顿得以取得如此大的成就，与他自身的天赋、努力是分不开的。牛顿具有无与伦比的天赋，这主要体现在他严谨的推理能力。他具有惊人的阅读与学习能力，他吸收了培根的方法论，并且自学了欧几里得和笛卡尔的数学知识，将它们进行综合，数学知识突飞猛进，并创造性地进行演算。数学提供的计算与推理能力，使他拥有进行周密理论分析的复杂逻辑与推理能力。在这之外，牛顿还获得了复杂而严谨的观察和实验能力，伽利略用他的实验思想为牛顿指明了道路。

牛顿处于一个自然科学发展的黄金时期，时代需要这样一个科学家出现，历史的转折需要跨时代的杰出人物的出现。爱因斯坦说："幸运的牛顿，拥有一个幸福的科学的童年！大自然对他来说，就是一本翻开的书。"这句话恰切地说明了牛顿时代的科学状况。值得注意的是，这一状况对于牛顿来说其实是一把双刃剑。一方面是自然科学研究的很多领域需要等待去开掘，一方面诸多的不利因素对当时的科学研究造成很大的制约，当时总体的科学研究条件（包括宏观的时代思想条件和微观的物质条件）是非常落后的，这既给牛顿很大的空间也给他很大的阻碍。

17—18 世纪欧洲大陆上的这一场科学革命，在牛顿的前辈科学家伽利略和开普勒那里得到了充分的"蓄势"，到牛顿这里，终于爆发。牛顿的学说代表了一个新的科学时代的到来。尽管牛顿生活的时代还处于科学与神学博弈的混乱时期，但牛顿用他的科学学说为现代科学揭开了层层迷雾。我们可以说，牛顿的一只脚依然踏在中世纪的土地上，一只脚已经为现代科学踏出了广

阔的道路。

18 世纪的德国哲学家康德有句名言："有两种东西，我对它们的思考越是深沉和持久，它们在我心灵中唤起的惊奇和敬畏就会日新月异，不断增长，这就是我头上的星空和心中的道德定律。"对"头上的星空"的惊奇与敬畏是人类探寻自然奥秘、不断更新知识的原动力，从哥白尼、开普勒、伽利略到牛顿，我们看到的正是这些卓越的科学家对知识的不懈探索与追求。

第六章
跨入剑桥

牛顿于1661年进入剑桥大学，成为三一学院的一名学生，正式开启了他的大学时代。在剑桥大学的学习是牛顿一生科学事业的真正起点，他的那些天才的发现与学说开始于此。在这之后，他成为三一学院的教授，一步步走上科学研究的最高峰。

减费生

剑桥大学坐落于剑桥镇，剑桥镇的面积仅有伦敦的十分之一，距伦敦大约50公里，是当时一个小型的信息和商业中心。牛顿就读于剑桥大学时，这个小镇的总人口约8000人，其中剑桥大学的师生就有3000人。剑桥大学创立于1209年，是英国最古老、最有名望的大学之一。

1661 年 6 月 5 日，19 岁的牛顿正式注册成为剑桥大学三一学院的学生。牛顿上大学的时候，剑桥大学的规模空前庞大。根据学生的经济情况，相应地分为三类：

地位最高的是贵族学生，全自费生，他们支付昂贵的学费，享受特权，包括：可以和院士同桌就餐，不用考试就可以拿到学位。

地位稍高的中等阶层的学生，公费生，他们支付的费用相对少一些，几乎享受不到任何的特权。

地位最低的是来自贫困家庭的需要领取助学金的学生一减费生，他们被免除部分费用，但必须在学院里勤工俭学。

牛顿以“减费生”的身份进入剑桥大学，他需要通过为教师和贵族学生服务或其他勤工俭学的方式来贴补学费。

牛顿读大学的时候，他家里的经济情况很不错，母亲完全可以支付他所有的学费。但牛顿为什么以“减费生”的身份进入剑桥大学呢？牛顿以“减费生”的身份进入剑桥大学，在一定程度上是出于汉娜对牛顿上大学的不情愿。汉娜在众人的劝说下才勉强同意牛顿去读大学，她并不情愿。牛顿读大学时每年的学费大概是 10—15 英镑，另外加上零用钱 10 英镑，汉娜每年的收入在 700 英镑左右，她答应支付这两项费用，在她自己看来已经非常尽力了，显然，她不想为儿子的学业支付更多的钱。

虽然汉娜这时经济状况良好，但并没有给读大学的牛顿以足够的资助。在汉娜的心中，儿子牛顿应该安分地做一个农场主，而不是花钱去读大学。

在当时，"减费生"意味着一种非常低贱的身份，牛顿属于学校里社会地位最下层的学生。社会地位高的贵族学生有他们的生活方式，常常以轻蔑的态度对待"减费生"。贵族学生不用考试就可以拿到学位，他们并不需要多么努力刻苦地学习，因而追求一种奢靡安逸的生活。对于年轻的牛顿来说，他的贵族同学的这些追求是可耻的，他感到一种莫大的屈辱。这样的氛围，对一个年轻人的学习成长没有任何正面的帮助，相反，使他更加坚定地要出人头地、让别人看得起。"减费生"所受的不公平待遇，始终刺激着他，促使他一心一意要切断他那低微的出身和社会地位。他暗自下定决心，要抓住每一个机会努力改善自己的社会地位。

汉娜没有给上大学的儿子充足的钱，是想借此打消牛顿上学的念头，让他早日返回家中经营农场。但是，汉娜想错了，反而激发了牛顿的争胜心。母亲越是想用这种方法逼迫，让他知难而退，返回家中，他就越坚定地发誓要离开那个地方，并且要依靠自己的努力实现目标。

牛顿是一个乡下孩子，在进入剑桥大学学习之前，他从来没有到过比格兰瑟姆更大的城市。来到久负盛名的剑桥大学，牛顿的内心非常激动，一切都是那么新鲜。牛顿怀着强烈的求知欲来到剑桥，但显然是失望的。他认真学习学校规定的拉丁文学、亚里士多德哲学等课程，但很快就放弃了这种努力。原因是他感到学校课程的陈旧和学习氛围的拙劣，产生了深深的失望之情。当那些贵族同学到小酒馆饮酒狂欢的时候，牛顿在专心地进行自己的学习和研究。

牛顿大学一年级的生活其实是非常寂寞的，他几乎是把自己与周围的世界完全地隔绝起来。困扰他的有两个问题：第一，住宿问题。剑桥大学当时是两个学生共住一个宿舍，牛顿与自己的贵族室友没有多少共同语言，自然也没有什么友谊可言。牛顿是以贫困生的身份进入大学的，他有很强的通过学习出人头地的想法，但他的室友以及周围的同学们并不这么想，他们之间有内在的价值观的不同，这直接导致了牛顿的“不合群”，他甚至对室友的生活方式有一种深深的鄙夷感，对他们混乱的生活非常反感。第二，年龄问题。牛顿进入剑桥大学时已经 19 岁，比同时入学的同学平均大两岁。年龄偏大，很容易让牛顿产生一种自卑感，同时又催生了他的上进心。他必须通过超出常人的勤奋和成绩来证明自己。

除了上课之外，牛顿在大部分时间里都是非常孤单地一个人待着，寂寞而冷清。不过这样的生活在不久之后得到了改善。1663 年，一次偶然的机会，牛顿更换了室友，这使他的生活有了明显的变化。新室友是维金斯，1663 年以“自费生”的资格进入三一学院，两个人都不愿意待在原来的宿舍，相互认识之后逐渐发现他们有共同的思想，于是就商议住在一起。

牛顿和维金斯的相逢和相知是一次偶然，后来，维金斯的儿子有一段关于这件事的回忆：

> “我父亲与牛顿的亲密关系来得纯粹偶然，那时父亲和他原先的室友发生很大的争

执，有一天他一个人出去散步，在人行道上看见牛顿也是闷闷不乐地孤单一人，于是两人交谈起来，然后发觉都是为了相同理由独自沉思，便很快决定两人各自离开混乱的室友，另租一房成为室友。于是他们尽快处理这件事情。在我父亲留在剑桥大学期间。他们一直住在一起。”①

牛顿与维金斯住在一个房间，总算摆脱了那些贵族子弟，他可以安心地进行自己的学习和研究。于是，他很快就投入到数学、光学和物理学的学习与研究之中。

哲学问题表

三一学院始建于 1546 年，由亨利八世创立，是剑桥大学最古老、最著名的学院之一。三一学院在创建之初，有非常强的宗教色彩。三一，即上帝、耶稣、圣灵三位一体。400 多年以来，这所学院培养了难以数计的科学家、哲学家、诗人和诺贝尔奖获得者。著名浪漫主义诗人拜伦、哲

---

①[英]迈克尔·怀特著，陈可良译：《最后的炼金术士：牛顿转》，北京：中信出版社，2004 年，第 71 页。

学家培根、维特根斯坦等，都出自这所学院。在牛顿生活的时代，这所学院依然保持着中世纪的教学习惯，但已经出现向近代大学过渡的迹象。

在牛顿进入剑桥之前，剑桥大学的课程设置一直沿袭着中世纪建校时的经院传统：学习地中海区域不同的宗教文化。宗教一直是非常重要的“必修课”，是学习的核心内容。在宗教神学方面的课程之外，非宗教领域的学习则几乎完全受亚里士多德学术思想的统治，主要包括逻辑学、伦理学、修辞学、宇宙论、力学等。亚里士多德学说强调事物的分类和系统化，各个部分在系统中角色不同，相互联系，缺一不可。加上古代诗歌和中世纪神学，亚里士多德学说形成了一个独立的学派，几乎没有变动地一代代流传下来，成为大学学习的核心课程。

这些知识，牛顿在格兰瑟姆时期的克拉克先生家里已经涉猎过。所以，进入大学后，当大学的课堂在讲授这些知识的时候，作为大学一年级学生的牛顿，已经有了自己对这个世界的独特思考。当然，这些思考是以对亚里士多德的哲学的反叛为基础的，他开始对那些观念产生了深深的怀疑。从这个时期开始，由亚里士多德思想做基础的坚固思想大厦，被牛顿一点点撬动，直到彻底将它推翻，建立现代科学的大厦。

出于对陈旧的课程内容的厌倦，牛顿将更多的精力和时间投入到图书馆，在图书馆自学。牛顿就读时的剑桥大学三一学院图书馆的藏书已经超过 3000 册，图书馆里有当时最新的科学著作，当时著名的科学家如笛卡尔、波义耳、哥白尼和伽利略的书都有。但是，图书馆的藏书中没有伽利略最重要的著作《关于两大世界体系的对话》，可见当时的科学思想并不是绝对开放的，还是有所禁忌的。

三一学院规定，学生只能在指定时间内使用图书馆，还要在指导教授的监督之下使用。他于是找到了巴宾顿先生，巴宾顿先生不仅授权他可以使用图书馆，还允许他使用自己的私人图书室。这时，另外一位著名的教授也对牛顿帮助很大，他就是在当时的学术威望很高的摩尔教授。摩尔教授与牛顿是老乡，都是格兰瑟姆人，他还是克拉克先生的老师。牛顿在格兰瑟姆读中学时就见过摩尔先生，他们有不错的交往。摩尔这时不仅监督牛顿的学习，还给予他细心的指导，对牛顿的学习有非常重要的影响。在图书馆中，牛顿阅读了大量的书籍，打下了坚实的知识基础。他读了开普勒的《光学》、笛卡尔的《几何学》和《哲学原理》、胡克的《显微图集》，还有皇家学会的历史和早期的《哲学学报》等。

古希腊哲学是读大学的牛顿无法绕过的知识，实际上，牛顿的科学研究是从学习亚里士多德为起点的，他用自己习惯的做笔记的方法，在笔记本上记录亚里士多德的学说和思想。大概在 1663 年左右，牛顿不再是简单地做笔记，他有了自己的疑问和想法，在这之后，他开始在笔记本上记录各种疑问。这些疑问，有的后面附有牛顿的尝试性回答，有的只是问题。牛顿先后记下了大概 45 个问题，这些问题被很多人称为“哲学问题表”。在问题表的标题上方，牛顿写下了他那句众所周知的名言：

“柏拉图是我的朋友，亚里士多德是我的朋友，但真理是我更伟大的朋友”。

这些问题的提出，标志着牛顿对自然科学的认识发生了质的变化。这表明，他已经初步认识到当时科学面临的许多未解之谜，正在雄心勃勃地企图解决它们。他根据从书上学到的知识和自己的猜想，把自己对世界的认识用问题的形式记录下来，他几乎是雄心勃勃地将整个自然界都列进了自己的研究计划。

牛顿陆续记下的各种“哲学”问题，显示了他卓异的思考能力。他归纳出来的这45个问题几乎奠定了一个新的自然学科，他称之为“确定的哲学问题”，实际上构成了后来“自然哲学”的核心命题。

例如，在标题为“水与盐的本质”的一栏中，牛顿对此前科学家解释潮汐和洋流的假说提出质疑，他这样进行描述：

> “欲找出海水的流动是否导因于月球挤压大气，可以用一个约80厘米长得管子来实验。管内灌满水银，再另取一个比80厘米长得多的管子，其中盛满了水，将水银管放入水管内。由于水银比水重，水银管即向下沉7—10厘米，因为管口已经封闭，水管顶端会产生一节真空（有可能）。那么，因为空气多少会受到外面月球的挤压，水的表面因此将会升或降，就如同水银温度计一样地升或降。”[1]

---

[1] [英]迈克尔·怀特著，陈可岗译：《最后的炼金术士：牛顿传》，北京：中信出版社，2004年，第74页。

不难看出，这时的牛顿还没有能力对这些物理现象做出科学的解释，但他已经开始提出自己的质疑，并尝试用实验去证明它们。

牛顿在这时已经熟练地创制了自己特有的笔记方式。他自创了一些速记符号，这样既可以节省纸张，还可以保守秘密。在记录对上帝的忏悔时，“速记符号”就相当于给自己的笔记本编上了密码，别人不会轻易获取他的隐私。牛顿就是以这种方式记录了他的“哲学问题表”，为后来深入地进行科学研究提供了最初的思路。这个“问题表”反映了牛顿探索自然奥秘的基本思路，类似于一个相当庞大的科研课题提纲，预示了他未来科学研究的专攻方向和他即将采用的方法。

在晚年出版的《光学》一书中，牛顿提出了31个当时他尚不能回答的问题，作为“疑问”附在书的末尾。这种态度本身就值得尊重，它们既显示出牛顿超强的科学思维能力，还表明他诚实、谦逊、认真的治学态度。

科学研究开始于提出问题。能够恰当地提出问题，让一些问题引领自己去思考、发现，是优秀科学家的共同特点。牛顿也不例外，他从小就具有强烈的“问题意识”和“探索精神”，他总是能提出一些关键性的问题，并不断地开拓思路，提出新的结论和观点。爱因斯坦说过：

> “提出一个问题往往比解决一个问题更重要。因为解决问题也许仅仅是一个数学上或实验上的技能而已，而提出新的问题，新的可能性，从新的角度去看待旧的问题，却需要有创造性的想象力，而且标志着科学的真正进步。”

牛顿启示我们，在平常的学习过程中，最为关键的是培养独立思考的能力，只有独立思考，才能激活自己的思维能力，有可能提出超出书本之外的新问题。

疯狂的实验

读大学时的牛顿在学校规定的课程学习方面表现平平，但却一直在自己感兴趣的东西上废寝忘食，并取得了惊人的成绩。他不仅博览群书，而且受到启发，进行各种各样的疯狂实验。

牛顿读大学时，关于光的本质，有各种不同的学说，其中最权威的是笛卡尔的假说。笛卡尔认为，光是经由以太传递的一种压强，我们常人的视觉就是由这种压强刺激眼睛的光神经而产生的。牛顿疯狂地进行光学的实验，其实就来源于他对笛卡尔假说的怀疑。他想，光有可能是由一些微粒构成，如果把光设想为大量微粒的聚集，那么就很容解释光的反射、折射以及光的颜色等问题。他给奥尔登伯格的信中介绍了最初进行光学实验时的情形：

> “我给自己买了一个三棱镜，用来实验著名的‘颜色的现象’。为了做这个实验，我需要一间完全黑暗的房间，然后在窗帘上开一个小洞，让太阳光线射进来照在棱镜上，其折射后的光线则照到对面的墙壁，显现出生动鲜艳的颜色，一开始觉得十分赏心悦目。”①

1664 年，牛顿痴迷于光学的实验，他用在学校附近集市上买来的棱镜进行实验，用一种常人难以想象的冒险方式疯狂实验，差点将自己的眼睛毁掉。在 1691 年与友人洛克的通信中，牛顿回

①[英]迈克尔·怀特著，陈可岗译：《最后的炼金术士：牛顿传》，北京：中信出版社，2004 年，第 81 页。

忆了大学时代进行的疯狂实验：

“我用右眼透过玻璃片看太阳，经过很短的时间之后，转过身来面向房间里的黑暗角落，睁大眼睛来观察暂留印象。起先看到一圈圈有颜色的光环，接着光环逐渐减弱，最后终于消失……这样继续试了几个小时之后，我的眼睛竟无法看见光亮的物体了……眼前总是有一个大太阳，使我既不能读又不能写，只好把自己关在房间的黑暗里。三天之后视力才恢复过来，那三天时间我用尽一切办法以逃出太阳的幻影。”

根据我们的常识，长时间地直视太阳有可能导致失明，更何况是通过玻璃片聚焦了更大的光。然而牛顿为了探索真知，不惜冒险进行实验。如果说这个实验还属于常规的实验，只是程度有些过火，那么他进行的另外一个实验则更加出格，也更加危险：

“我用一把钻顶住眼眶骨头和眼睛之间，尽可能地接近眼球处。将钻子的尖端挤压眼球的后面，使我的眼睛突出，就会看到好一些白的、黑的和有颜色的光环。当我不断地用钻尖搓揉眼球时，这些光环更加显著；但是，如果眼球和钻尖都停止不动，而眼球仍然被紧紧压住，光环会逐渐变弱而最终消失。在我再度搓动眼球或钻尖时，光环即重新出现。”

这个实验简直疯狂至极。我们从中也不难看出，所谓科学的方法是在一些人冒着生命危险不断地试错之后获得的，要想做好做成一件事情，就必须比常人投入更多的心思，付出更加艰辛的努力。

牛顿疯狂地进行实验，源自对前人的光学学说的怀疑。为此，他不惜损害自己的健康，冒着危险进行实验。大学时代的疯狂实验，使他迅速地获得知识，拥有真理。几年之后，牛顿带着他在光学上的新发现进入皇家学会时，那些大学时代的疯狂实验已经成为他美好而充实的回忆。

第七章
名师与高徒

剑桥大学有一个悠久的“导师制”传统，但是牛顿没有在自己的导师那里获得重要的指导与帮助，却从三一学院的名师巴罗那里获益匪浅。自古名师出高徒，巴罗先生在青年牛顿的大学生活的后半段，起到了至关重要的作用。

幸遇巴罗

按照剑桥大学的规定，每个学生入学后，都有一位导师指导自己的学习。牛顿的指导教授是普林先生，普林先生是一个相对平庸的教授，并且经常不在学校，但他还是善于因材施教的，他自己对数学与科学没有深入的研究，他了解这位学生对于学校开设的正式课程不感兴趣，而是喜欢研究数学，对最新的自然科学有强烈的兴趣，于是将牛顿推荐给学术威望很高的巴罗教授。

巴罗，1630 年出生于一个富商之家，1647 年，17 岁的他以全自费生的身份进入三一学院学习。在很年轻的时候，巴罗就被寄予厚望，被认为将成长为一个优秀的学者。他不负众望，1655 年获得三一学院研究员的资格，1664 年当选首任卢卡斯讲座讲授，1672—1677 年任三一学院院长。巴罗博学多才，撰写过《数学讲义》《几何学讲义》等，在光学、几何学、圆锥曲线等方面颇有研究，造诣颇深。他在三一学院先后担任希腊文、哲学和数学教授，被人誉为“欧洲最优秀的学者”。

牛顿仰慕巴罗先生的大名，但在这之前，他仅仅听过他的课，并没有深入的交往。在这之后，他在巴罗的指导下学习，受到了很大的启发。牛顿曾回忆：“巴罗博士当时讲授关于物体运动的理论课程，也许正是这些课程促使我去研究这方面的问题。”巴罗先生启发了牛顿，诱导他思考、研究更深层的科学问题。

剑桥大学规定，凡要取得学士学位的学生，必须留在学校里至少学习 12 个学期，并且参加所有由学校教授讲授的公开演讲。1664 年，牛顿已经按照要求修完了全部课程，他只需要在这一年的 4 月通过一项数学测试，就可以参加 1665 年春学士学位的资格考试。在三一学院，巴罗教授是唯一能够对牛顿所研究的内容以及其研究能力做出正确评估的人。

巴罗先生负责牛顿的学术资格审查，他以学院开设的欧几里得几何学来考察牛顿，这对于牛顿来说几乎是个大灾难。牛顿一贯对学校开设的课程非常排斥，他并没有认真学习欧几里得几何学，相反，他跳过了欧几里得几何，而自学了难度更大的笛卡尔数学。

虽然牛顿已经掌握了笛卡尔的数学，但他没有向巴罗先生说明这一事实。于是，在审查考试中，牛顿的成绩并不理想。巴罗博士认定他的数学程度不足，因为根据常识，一个人必须在熟练掌握欧几里得几何的前提下，才有可能理解更高级的笛卡尔几何。

牛顿在成绩不太理想的情况下仍然获得了毕业资格，并成为剑桥大学奖学金获得者，获得了“决定其命运的奖学金”。牛顿能够获得奖学金，并于 1665 年顺利毕业获得学士学位，与巴宾顿先生的帮助有关。他们最初在克拉克先生家里认识，巴宾顿先生欣赏这个少年的才能。在大瘟疫期间，他们都回到家乡避难，牛顿经常去拜访这位德高望重的先生。他们已经是老朋友了，亦师亦友。巴宾顿帮助牛顿进入剑桥大学读书，他在牛顿申请奖学金、获得毕业资格的过程中，同样给予很大的支持和帮助。对于牛顿在测评中不太理想的成绩，巴宾顿非常同情、理解，他知道这位天赋异禀的学生并不喜欢这些陈旧的课程，他有更高的追求。

败也数学，成也数学

尽管顺利通过了考试，但巴罗先生的测试对牛顿来说，是一个沉重的打击。牛顿是一个内心里非常好胜的人，他不允许自己在任何一方面落在别人后面。在这次测试之后，牛顿开始疯狂地学习数学，没过多久，他已经掌握了那个时代最为出色的数学计算能力，正是这项能力的获得，使他超出了同时代的科学家，并且以精确的计算为基础，取得了惊人的成就。

牛顿在数学上栽了跟头，并且是栽在他不以为然的欧几里得几何学上。他在那几天里非常自责、懊恼，后悔自己当时没有好好学习基础数学。其实，牛顿以前读过欧几里得的数学，那是1663年，牛顿在集市上看到一本关于占星术的书，为了弄懂其中的几何图，他开始学习“三角学”的知识。欧氏几何是三角学的基础，他阅读了欧几里得的《几何原本》，只不过把一些名词定义看了一遍，他认为其中的知识太简单了，过于浅显并且无关紧要。于是，他找来了笛卡尔的《几何学》，并且进行了非常深入的阅读。

牛顿认识到自己的不足之后，就回过头去认真学习基础数学，他认真学习了欧几里得几何学和简单的代数理论。这一时期，牛顿学习基础数学是非常用功的。多年之后，后人在他个人的图书室中看到巴罗所著的那本《欧几里得几何学》，发现它几乎是最多折角、同时也最多破页的一本书。

牛顿还找来大量的数学书籍来读，其中就包括巴罗的《欧几里得原本简证》等书籍。牛顿去世时，后人在他的书房里发现，1657年出版的“三角学”书籍竟然有7种，可见牛顿的“自学”其实是一种非常全面综合的学习。他通过对不同三角学书籍的阅读与学习，仔细辨别它们之间的异同，记录大量的笔记和自己的思考，在学习建构三角知识的同时，不断独立地提出自己的问题与发现。

牛顿的学习有一个很大的特点，那就是他善于探本溯源，通过学习找到问题的根源，寻找到解决问题的最根本方法。勤奋的学习总会有所收获，牛顿的占星书研究没有取得任何成绩，但阴差阳错的是他学习数学的激情却从此高涨起来。只要是与数学相关的知识，牛顿就如饥似渴地汲取，他沉浸在浩瀚的数学海洋之中。牛顿回忆道："1664 年圣诞节前夕，当时我还是一个高年级生，我买到了范舒腾的《杂论》和笛卡尔的《几何学》，同时借来了 J · 沃利斯的著作"。

牛顿这一时期的数学阅读热情在康杜伊特的回忆中有形象的描述，他回忆起牛顿与他谈起阅读笛卡尔《几何学》时的情景：

"读了大约 10 页，然后停下来，再开始，比第一次稍进步一点，又停下来，再从头开始读下去，直至他自己成为全书的主人，到这个程度时他对笛卡尔几何的理解比对欧几里得几何要好些，再读欧几里得，然后第二次读笛卡尔的几何，其次读沃利斯博士的无限算术，在将插入法用于圆积法时，发现了

令人钦佩的既定次二项式的理论。”①

牛顿在数学领域显示了优异的天赋，在进行了大量阅读的基础上，他有时几乎只凭直觉就能提出见解，甚至不需证明。在不到一年的时间里，牛顿已经完全消化了17世纪分析数学的成果，并且开始按照自己独立的思路探寻更加高深的分析。

牛顿的数学天赋表现在，进入剑桥大学之前，他的数学知识还相当有限，只懂得一点简单的算术，稍稍了解一些代数和三角学。但是到了1664年夏天，他已经娴熟地掌握了那个时代最繁复的数学。牛顿是在那两年里，完全靠自学研习了高等数学，1665年春，在获得学士学位之前，牛顿已经证明了广义的二项式定理。最为关键的是，他几乎是在忽略基础数学的前提下直接进军高等数学的，这证明他确实有独特的数学天赋。

数学，是牛顿科学研究中的重要因素。对几何学和微积分的学习与领悟，使他的洞察力变得异常敏锐，他经常能把看似不相关的物理现象或

---

①[法]丰特奈尔著，赵振江译:《牛顿传记五种》，北京：商务印书馆，2007年，第56页。

者相差很大的数据联系在一起，这显然不是常人可以做到的。牛顿要想建立力学的系统，他首先要做的，是研究数学，并且建立一套通用的数学原理。1664 年春天，牛顿开始探索基础数学，加上他之前研究过的笛卡尔数学，他很快将全部的数学知识融汇在一起，并且有了自己的新发现。微积分计算方法为牛顿研究天体的运行轨道问题提供了方法，也使他可以比同时代的其他科学家更加精确地计算出来。进而发展成普遍的定律。所以，我们说，牛顿是“败也数学，成也数学”。

虽然牛顿在自己的领域中疯狂实验，但是他的努力却几乎全都花费在学习课程以外的知识上面。通过异常勤奋的“恶补”，他的数学知识得到了很大的提升，但他对待学士学位的考试却一点也不上心。他甚至从未全力准备大学里的各种考试，以至于考试成绩平平，毕业的时候也没有获得学习上的荣誉。

结果是，牛顿在接受学士学位的仪式上被安排在第二列，明显地属于成绩较差的那一部分。

伟大的科学家牛顿，竟然以“第二等”的成绩取得学士学位，这在今天看来，确实有几分可笑。那些教师和考官们大概难以想象，“二等生”

牛顿在不远的将来，会创造出很多令世界感到震撼的“第一”和“史无前例”。与历史上诸如达尔文、爱因斯坦和霍金等伟大的科学家一样，牛顿在他的学生时代并不是“优等生”，他们甚至敌对常规的、按部就班的学习，而是以自己独特的方式直达科学之巅。这也启示我们，独立思考在一个人的成长成才过程中起到的关键作用。

第八章
苹果树下的传奇岁月

牛顿在剑桥受到数学和自然科学的熏陶和培养，对探索自然现象产生浓厚的兴趣，家乡安静的环境使他的科学思想展翅飞翔。1665—1666 年这段短暂的时光成为牛顿科学生涯中的黄金岁月，他在自然科学领域内思潮奔腾，才华迸发，思考前人从未思考过的问题，踏进了前人没有涉及的领域，创造了前所未有的惊人成就。

学术的蜜月

牛顿的科学贡献，几乎都是在他一生中那 18 个月的神奇时光中萌芽的。

这一段“神奇”的时光，是在他 23 岁到 24 岁之间，也就是 1665—1666 年间。这时牛顿刚刚从剑桥大学三一学院获得学士学位，由于当时发生了大面积的瘟疫，牛顿被迫回到家中躲避。英格兰的大面积土地都在遭受火灾和瘟疫带来的灾难，这时伦敦的大部分地区变成一片黑色的废墟。干燥的风把面包房里发生的火灾引向成片的茅草房，大火烧了四天四夜。

尽管在这之前，大大小小的瘟疫时有发生，但这次是英国历史上最严重的瘟疫之一。据历史资料记载，有10万人死于这场瘟疫，是当时伦敦人口的五分之一。瘟疫最厉害的时候，每周都有1万人死去，一天里死去的人数最高纪录达到7000人。

大火蔓延，瘟疫肆虐，刚刚登上王位的查理二世不得不带着随从逃出了伦敦避难。学校被迫暂时停课，学生暂时回家避难。牛顿不得不从剑桥大学返回沃尔索普的家中。在家乡的农场中，点点星光点缀着宁静的夜晚，月光穿过苹果树洒在大地上，白天阳光和阴影在墙上画出熟悉的曲线。牛顿在这里进行长时间的冥想与观察，不论是在书房里还是在花园里，他总是在独自沉思，他的脑海里装满各种几何和分析的新模型。他把看似毫不相干的知识领域联系起来，反复思索其中的答案。他逐渐明白了投射在平面上的曲线和三维空间角度每天的细微变化。在20世纪50年代，历史学家曾在沃尔索普庄园的石雕上发现了几处蚀刻的几何图形，这很有可能是牛顿在三一学院读书期间在家躲避瘟疫时的“杰作”。

大瘟疫中断了牛顿的正常的大学生活，却没有因此中断他的科学研究。恰恰相反，他在家乡不仅延续了自己的研究，而且取得了突破性的成就。这是牛顿的科学思想最为活跃的两年，他的思考涉及数学、力学和光学，他一生科学研究的宏伟蓝图几乎都是在这一时期孕育的。

家乡安静的环境使他的科学思想展翅飞翔，以整个宇宙作为自己思想驰骋的空间。这短暂的时光成为牛顿科学生涯中的黄金岁月，他的三大成就：微积分、万有引力、光学分析的思想就是在这时孕育的。此时的牛顿已经开始着手描绘他一生大多数科学创造的蓝图。牛顿不断地向自己提出问题，强迫自己进行思考，并通过复杂的计算得出答案，然后再不断地提出新问题。

牛顿在剑桥大学三一学院的学术积累，在家乡沃尔索普的悠闲环境下得到了释放，在沉浸于科学探索的怡然自得中，牛顿不知不觉完成了人类知识的重大突破。

牛顿这两年里是怎样读书学习的？他是怎样

计算出一个个重大发现的？关于这两年的科学研究情况，我们从牛顿自己的叙述中可以得知一二：

“1665 年初，我发现了近似级数的方法和二项式简约成该级数的法则。同年五月，我发现了格雷果里和斯路卢修斯的正切法，11 月我发现了直接流数法；次年 1 月发现颜色理论，5 月开始研究逆流数法。同年，我开始思考重力延伸到月球轨道的问题（发现了在一运行轨道内旋转的一球体给运行轨道表面有压力的计算方法）；根据开普勒定律：行星的运行周期与行星轨道中心间成 1.5 次方正比关系，我推论出：维持行星绕其轨道运转的力，一定与其旋转中心距离的平方成反比。所以，比较维持月球绕轨道运动所需的力与地球表面的重力，发现二者的答案十分接近。这一切都是在 1665—1666 年这两年瘟疫时期完成的。那些日子我正处于发明的最盛时期，对数学和哲学的研究也比以后任何时期都要多。”①

---

①[法]丰特奈尔著，赵振江译：《牛顿传记五种》，北京：商务印书馆，2007 年，第 88 页。

我们看到，牛顿这一时期不仅兴趣繁多，而且思路非常活跃，牛顿在沃尔索普与他所钟爱的数学、光学、力学度过了无限美好的“蜜月”，在创造出多个重大科学理论的同时，也为后人留下了美妙的科学佳话，其中“苹果的故事”就是最广为流传的一个。

苹果落下

在剑桥大学的三一学院，“万有引力苹果树”是非常著名的景观，每一个前来参观的人，都要来到这里，并发挥自己的想象力，想象在多年以前，苹果是怎样落下，砸到了年轻的牛顿的头上，启发他思考出伟大的万有引力定律。

这几乎成为关于天才牛顿的最经典的一个传说。在今天，牛顿“苹果”的故事已经成为妇孺皆知的科学神话。

许多介绍牛顿的书籍都会讲述牛顿与苹果的传奇故事：1665－1666 年之间，由于剑桥流行黑热病，学校被迫停学，刚从剑桥拿到学士学位的牛顿返回家乡。一天，牛顿正坐在一棵苹果树下看书、思考问题时，有一个苹果落了下来，砸在了牛顿头上，这一下子启发了牛顿。这位当时年仅 23 岁的学生立刻想到，苹果一定是被地球的引力拉下来的，此后，经过多年努力，他终于完成了万有引力定律的阐述、数学证明与公式推导。

这个故事显然有夸张的成分。苹果的落下，是牛顿陷入沉思时的突然发现，它是一个诱因，启发了牛顿的思考。牛顿受苹果落地这一事实的启发，通过详细的实验和观察，发现了宇宙万物之间存在的引力。

以往的数学家满足于求得物体自由落体的平均速度，而牛顿通过不断地缩短求平均速度的时间单位来测算物体落地的瞬时速度，正是在这一过程中，牛顿在对无穷小的不断测算中，发现了微积分。他将吸引苹果落地的力命名为“重力”，由此出发去研究行星运动的一般规律。

他感到一定有种隐藏着的力量在牵着这些行星，使它们不至于脱离轨道，在天空中乱飞。月亮绕着地球运转，一定是有种力在牵着它；一件东西向地面落下，也是因为被这种力吸向地面。经过深入地思考和研究，牛顿发现任何物体都具有吸引力。于是他发现了万有引力定律宇宙中的任何物体之间，都存在着相互吸引力——各个物体间吸引力的大小，与物体的大小成正比，与它们之间的距离成反比。

牛顿在数学上取得重要成绩的同时，还在力学上进行了一系列卓越的科学研究，这些研究使他成为将支配地上运动的力量与支配天上运动的力量统一起来的第一人。他首先发现了将旋转物体保持在其轨道内的定律，由此获得了在力学上的新颖洞见。

牛顿的一系列重要的学术奠基，是在这一段时间内集中出现的。这时他还只是一个年仅二十三四岁的大学生，他在 18 个月的时间里同时在数学、力学和光学领域做出了富有开创性的研究。这的确可以称之为“奇迹”。

在有关“苹果”的传奇故事背后，是牛顿非常勤奋的学习与钻研，以及卓异的创造力的显现。所谓灵感，其实是在反复的思考与研究之后，事情真相的最终呈现，它可能是 99 次试错之后，第 100 次才出现的正确答案。在沃尔索普的农场中，牛顿经常单独坐在院子里，陷入对万物之间的“力”的沉思。在这 18 个月的时间里，有很多的灵感和直觉进入牛顿的脑海，他的这些思考日后逐渐演变成伟大的定律，但值得注意的是，这一时期的牛顿在思想上还远未成熟，只不过是他迈向成功的起步。

科学史专家进一步的研究证明，这一段时间并没有传说中的那样神乎其神。真实的情况是，直到 1666 年末，牛顿在数学、光学和力学方面并没有拿出完全成熟的结果。他的那些研究尚且处于开创和奠基阶段。在力学和光学上，他还只是形成了一些有价值的想法，尚且需要进一步论证。他虽然在数学方面写了几篇有关微积分雏形的论文，但并不完善。

事实上，牛顿并不是完全依靠天才的灵感闪现得出万有引力的推理的。在沃尔索普的那两年，牛顿已经通过在剑桥最后的学习打下了坚实的数学基础，他对物体运动的思考逐渐成形。直到 1687 年，他的这些思考才完全成熟，牛顿逐渐建立了详尽完备的物理学理论。

尽管如此，牛顿在这 18 个月中取得的成就仍然是巨大的、辉煌的，它们奠定了牛顿此后科学研究的基础。当我们遥想那一段岁月时，一个年仅二十三四岁的大学生，几乎完全依靠自学，在不到 5 年的时间里达到了当时世界科学的前沿水平，而且在短短 18 个月的时间里同时在数学、光学和力学领域做出了开创性的研究，这本身就是一个巨大的奇迹。

牛顿的主要科学成就基本上是在这一时期萌生的，在动乱的年代，牛顿以一种坚韧的精神，综合了前人的学说，建立了史无前例的科学体系。与英国资产阶级革命一道，在科学思想上为英国资产阶级的发展奠定了基础。

蓄势待发

时代的灾难给牛顿提供了一个独立思考、总结自己研究成果的空间，这时的科学界完全不知道一个24岁的年轻人在乡下的庄园中完成的重大科学发现。等待牛顿的，是一个更大的科学舞台。此时的牛顿踌躇满志，有自己的理想和抱负，他的一首题为《三顶冠冕》的小诗形象地说明了他的伟大志向：

> 世俗的冠冕啊，我鄙视它如同脚下的尘土，
> 它是沉重的，而最佳也是一场空虚；
> 可是我现在愉快地欢迎一顶荆棘冠冕，
> 尽管刺得人痛，但味道主要的是甜；
> 我看见光荣之冠在我的面前呈现，
> 它充满着幸福，永恒无边。

从这首小诗不难看出，牛顿对“世俗的冠冕”充满了鄙视与不屑，而他对科学研究的艰苦和曲折有了充分的准备，有恒心和信心去面对这顶“荆棘冠冕”，并坚信最终可以看到那顶永恒无边的“光荣之冠”。写作这首诗的时候，牛顿的世界观和人生观已经非常成熟清晰，在心理的准备上已经具备了成为一个伟大科学家的素质。

这首诗同时也预示了牛顿以后的人生道路，正像爱因斯坦所说的那样，“只有把牛顿的一生看作是为永恒真理而斗争的舞台上的一幕，才能真正理解他。”除了这种宏伟的抱负，牛顿还具备超乎常人的耐心。他曾说过，“我经常将一些问题放在眼前，等待第一道曙光缓缓出现，再一步步地看到圆满、明亮的光辉。”由此不难看出，我们所谓的“天才”并不是完全由上天赋予的，在很大程度上是靠超常的毅力和超出常人的勤奋来实现的。

著名经济学家凯恩斯先生在阅读了大量的牛顿手稿后，深有感慨地说：

> “他的非凡天才在于他能够长时间地连续思考一个纯智力问题，直至解决……任何研究过纯科学或纯哲学问题的人都知道，一

个人只可能短时间地集中思考一个问题，并且，集中全部精力思考，但过不久，注意力就会逐渐分散和转移，你会发现，你的思想成为一片空白。但我相信，牛顿能够连续几个小时、几天和几个星期地集中思考一个问题，直到解开其中的奥妙为止。”

今天的我们，在怀有宏伟抱负的同时，更应该有坚强的毅力和克服困难的决心，只有这样，才能实现自己的理想。

牛顿虽然在沃尔索普的家里完成了这些重要发现，但最为重要的是剑桥对他的影响。剑桥的经历注定影响这位年轻人的未来。

牛顿求学、奋斗的道路是异常曲折的，他在中学、大学时段有过两次中断学业的经历。中学即将毕业时，他被母亲强行带回家，要求他从此做一个农民。但他后来复学，并考入了剑桥大学。大学即将毕业时，因为大瘟疫的爆发，他不得不返回家中避难。但后来他重返剑桥，并且成为剑桥大学教授。这两段辍学在家的经历，牛顿并没有放弃学业，而是更加勤奋地自学。这启示我们，当命运不济，或厄运到来时，不能轻言放弃，而是要更加坚定，坚定地做自己认为对的事情。

这次大瘟疫之后，牛顿返回剑桥，一个更大的科学舞台正在等待他。牛顿获得剑桥大学研究员的资格，并很快获得了皇家学会的认可。此时的他，正蓄势待发。他深信，只要自己的信念足够坚定，永不放弃，就一定可以抵达科学的巅峰。

第九章 登上教席

瘟疫过后，牛顿重返剑桥大学。他以优异的成绩获得三一学院研究员的资格，成为一名大学教师，一个专门的科学研究者。在这之后的三四年时间里，他迅速成长，于 1669 年成为著名的卢卡斯讲座教授的主讲人。从 1661 年那位不起眼的大学生，到 1669 年成为象征着那个时代最优秀学者的卢卡斯讲座教授，牛顿仅仅用了 8 年的时间。

助理研究员

1667 年复活节过后不久，伦敦的大瘟疫已经得到控制，人们的生活逐渐恢复正常。牛顿返回剑桥大学。

经过大瘟疫之后，剑桥大学三一学院的情况很快有了很大的改观。因为瘟疫的影响，学院遴选助理研究员的工作中止了两年，所以 1667 年的遴选名额比以往多出了一些。这对于牛顿来说，是个非常难得的机会。

对于牛顿来说，争取助理研究员的资格是他可以继续留在剑桥的唯一途径，否则他将可能从此成为一个默默无闻的农民，或者到较远的地区做一个牧师。对于助理研究员资格的申请，牛顿在学术上显然是有资格胜任的。但是实际上，评选中所需要考虑的其他因素还有很多，很复杂。

助理研究员资格首先要看当年有多少可以填补的空缺，然后看申请人的资历和辈分，还要看他的人脉关系，是否有大人物为他推荐。牛顿在这些方面显然是不足的。他在大学里没有获得优异的学习成绩，家庭背景也平平。

测试在 1667 年 9 月进行，60 多名学者竞争 9 个研究员名额，竞争异常激烈。测试一共进行了 4 天，前三天在学校教堂内进行口试，第四天写一份书面报告。

最终，牛顿顺利过关，在 1667 年 10 月，宣誓成为助理研究员。这时给予他帮助的又是巴宾顿先生。巴宾顿先生于 1667 年晋升为学校的资深研究员，他是学校当时仅有的 8 名可以直接向校长报告的教授之一，是助理研究员资格审核的评委之一。巴宾顿先生就像一个父亲，总是在最关键的时候给予牛顿最重要的帮助。这个资格对牛顿来说非常重要，因为这为他提供了重要的保障，他可以继续从容地从事他有兴趣的学术研究。

助理研究员可以享受很多的待遇：每年有两英镑的津贴，可以申请单人宿舍、参加各种学术团体的活动。对于牛顿来说，最具诱惑性的是，研究员被许可自由使用三一学院的图书馆。从此开始，牛顿的生活得到了极大的改观，他开始有了稳定的收入，在领取研究员基本津贴的同时，给学生上课也可以拿到微薄的工资，另外他还能从母亲那里得到一点钱。牛顿用这些钱为自己添加了基本的衣物和其他生活必需品，很大一部分钱还是用在了自己的研究上。

助理研究员是介于学生和教授的一种过渡身份，一方面要承担一部分授课的义务，更为重要的是深入的学习和研究。助理研究员在一年后要进行硕士学位的考核，只有通过考核，获得硕士学位，才成为正式的研究员。牛顿获得奖学金和助理研究员资格之后，对于他来说，是一种解放。他可以更加专心地、无所牵绊地从事自己的研究。

自伊丽莎白一世起，英国的大学开始引入院士必须独身（院长除外）的戒律，从1570年一直到1861年，院士、教授禁止结婚就正式成为一条命令，成为大学里的规定。这项规定在当时的英国形成了浓郁的科学研究氛围，许多优秀的科学家都终生未婚。牛顿和其他研究员一样，在就职的时候进行宣誓：“我将用我的灵魂拥护基督教，如果我不能把神学作为我学术研究的目的，并在需要时遵从神圣的旨意，那么我将退出三一学院。”来自学校的戒律有效地规约了研究员的私生活，让他们更专心地进行科学研究。牛顿谨守这些戒律，内心暗自庆幸获得了继续留在三一学院的机会，他可以在这里继续他的科学研究了。在获得研究员资格之后的一段时间，牛顿难以抑制内心的兴奋，他会偶尔到小酒馆去喝两杯，让自己充分的放松下来。但他很快就收敛起来，心无旁骛地投身于他的科学研究中。

卢卡斯讲座教授

17世纪中叶，剑桥大学的教育制度还浸透着浓厚的中世纪经院哲学的气味。当牛顿进入剑桥大学时，那里还在传授一些经院式课程，如逻辑、古文、语法、古代史、神学等等。1663 年，三一学院出现了新气象，英国国会议员亨利·卢卡斯创立“卢卡斯数学教授”这一职位，规定凡是获得以他的名字命名的教授职位者，每年可以从他的土地收益中获得 100 英镑。卢卡斯讲座章程规定，其所讲的主要内容是地理学、物理学、天文学和数学等学科。这是一个独辟蹊径的讲座，这一举措是一项重要改革，给当时的高等教育带来了活力。

三一学院首任卢卡斯讲座教授的最佳人选，自然是学术成就杰出的巴罗先生。1664 年，巴罗当选第一位卢卡斯讲座教授，在这之后，这一职位的任职人员均是赫赫有名的科学家，牛顿后来从他的老师巴罗手中接过这个职位，著名科学家斯蒂芬·霍金也曾担任这一职位。

获得研究员资格之后，牛顿在三一学院的生活颇为顺利。1668 年春天，牛顿顺利获得硕士学位，并成为正式研究员。自此，牛顿逐渐摆脱了贫穷与低贱，跻身于上流社会。这时，牛顿经过刻苦的自学，已经具备了很强的数学能力，并逐渐得到了巴罗先生的赏识。巴罗认为牛顿的数学能力已经远远超过了他，他说：“我对于数学虽然略有造诣，但和牛顿相比，只能算是个孩子。”1669 年，巴罗先生辞去了卢卡斯教授一职，需要有新的人选。根据规定，卢卡斯讲座教授的人选须由卢卡斯基金执行委员会指定。但实际上的管理则相对宽松，鉴于巴罗先生的学术威望和人格魅力，委员会对他非常信任，在确定教授人选的问题上，巴罗有决定权。巴罗推荐年轻的牛顿担任第二任卢卡斯讲座教授。1669 年 10 月 29 日，牛顿尚未满 27 岁，就成为三一学院第二任卢卡斯讲座教授。此后他长期荣任这一职位，直到 1696 年他离开剑桥大学为止。

牛顿担任卢卡斯讲座教授之后，于 1670 年 1 月第一次在三一学院授课，最初他讲的是光学。尽管牛顿所讲的内容在当时具有非常高的科学价值，但他的听众却非常少。

在今天看来，牛顿是明显疏于教学而格外重视科研的。他将科研作为自己最为重要的工作。在成为卢卡斯讲座教授之后，他开始的第一项科学研究工作就是把光学作为第一套教学的讲义。

虽然牛顿已经跻身当时重要的科学家的行列，但作为“卢卡斯讲座教授”的牛顿却多少有些差强人意。牛顿教授生性内向，不善言辞，外加他的科学理论在当时还无法获得太多的理解，所以他的课堂并不是特别受学生的欢迎，有时候甚至课堂上空无一人，牛顿只好对着墙壁宣读他的数学与光学发现。如果在今天的大学，牛顿可能会因为教学质量太差而被解雇，但剑桥最终成就了科学巨子牛顿。剑桥大学的宽容拯救了牛顿，为科学家牛顿的成长起到了重要的作用。

根据学院的规定，主讲教授应在三个学期内每周讲部分几何学、天文学、地理学、光学、力学，或者是其他数学原理，并且每年向大学图书馆交存10份宣读过的教材复件。他讲授的几何光学与他的前任巴罗先生截然不同。他反复地通过实验、棱镜和透镜等来证实自己的白光异质性理论，他非常重视自己一贯追求与坚持的数学精确性和确定性。这正是牛顿的“科学精神”所在，也是他对近代以来科学研究的开拓性所在。他公开宣布自然哲学能够达到一种绝对确定的程度，并且自然哲学应该建立在数学原理的基础之上，这也是牛顿取得伟大成就的根源所在。

虽然牛顿的课堂没能吸引过多的学生，但他始终坚持着自身科学精神的独立。作为一名大学教授，牛顿更多地以自己的科学研究去影响学生，赢得了后世更大的尊重与敬仰。

17 世纪英国的大学首先是基督教的传播工具。在剑桥生涯中的每一步，牛顿都要发誓坚持他的宗教信仰。按照三一学院的规定，主修课研究员的任期是 7 年，7 年中他要全面学习宗教课程，最后获得神职而成为一名教士。

1675 年，牛顿在三一学院的任职已经快满 7 年了，但还没有取得神职。如果严格执行学校规定的话，牛顿除非同意取得神职，否则将会失去主修课教授的职位。他的老师，时任三一学院院长巴罗先生委婉地给他说了这件事，牛顿听到后非常气愤。他经过几天的慎重思考之后给巴罗先生这样答复：

> “巴罗博士，我不能接受神职，别人也许应该走这条路；但对我来说，我相信，不受教堂的正式约束，我能为上帝服务得更好些。”

牛顿不接受神职，并不是因为他不信奉宗教，而是因为他认为烦琐的教堂仪式会影响他的科学研究。巴罗先生自然是明白这一点的。为此，他专门向国王写了一份申请书，同时把申请书的副本抄送给有关当局，核心内容是请求对牛顿这样优秀的人才做出特别的例外处理。

牛顿因为这件事甚是苦恼，他还专程去了伦敦，会晤政府的一些高层官员，以等待宫廷的处理结果。最终，在 1675 年 3 月 12 日，国王专门签发了一道敕令，允许牛顿在就任卢卡斯数学教授期间可以不受神职而保留三一学院主修课研究院的职位。牛顿得到消息后非常激动，如释重负，这次特敕为牛顿以后的科学研究提供了充分的保护，他可以继续心无旁骛地埋头于他的研究工作中去了。

作为“良师益友”，巴罗先生再一次在他的人生的关键时刻给予了至关重要的帮助。牛顿的科学成就，离不开巴罗先生的关心与推动。如果说牛顿是科学研究的“千里马”，那么巴罗先生无疑是知晓牛顿能力的“伯乐”，中国有句古话，“千里马常有，而伯乐不常有”，不难想象，如果没有巴罗先生的襄助，17 世纪的科学界可能就会少了一位伟大的科学家。

巴罗教授对牛顿的指导、厚爱与提携，对牛顿在剑桥的学术生涯具有重要的作用。巴罗教授比牛顿大 12 岁，遇到巴罗这位“良师益友”，对于牛顿的一生来说，是极大的幸事。是巴罗教授最早发现牛顿的才华，并一直为他的科学研究“保驾护航”。巴罗让贤，是剑桥大学历史上的一段佳话。巴罗教授的远见卓识和无私的精神，将永为世人所景仰。在剑桥大学三一学院，人们为伟大的科学家牛顿立了雕像，在他的旁边，巴罗先生的雕像并排伫立。师徒二人，被一代代剑桥大学的学生们瞻望、景仰，他们之间的故事永世相传。

潜心研究

牛顿是一位不擅长讲课的大学教授，但在解决疑难问题方面的能力，他却远远超过了常人。还是学生时，牛顿就发现了一种计算无限量的方法。他用这个秘密的方法，算出了双曲面积到二百五十位数。他曾经高价买下了一个棱镜，并把它作为实验器材，用它证明了白光分解由各种有颜色的光组成这一事实。开始，他并不愿意发表他的观察所得，他的发现都只是一种个人的消遣，为的是使自己在寂静的书斋中解闷。他独自遨游于自己所创造的超级世界里。

牛顿在三一学院任教时，全身心地投入到科学研究和实验中。由于他的专心工作，发生了很多后人广为传知的逸闻趣事。作为大学教授，牛顿常常忙得不修边幅，往往领带不结，袜带不系好，马裤也不系纽扣，就走进了学校的餐厅。不仅如此，牛顿的脑海中几乎每时每刻都在思考他正在进行的各种实验，有一次，他正在与一位美丽的姑娘交谈时思想开了小差，他突然想起了自己正在进行的实验，于是就误把姑娘的手指当成了通烟斗的通条，硬往烟斗里塞。姑娘还没有反应过来，痛得大叫，愤然离他而去。因为牛顿完全沉迷于科学研究，他一生中仅有的几次与异性的交往都以失败告终。他终生未娶，与对科学研究的全身心投入有很大的关系。

“工作狂”牛顿工作起来经常会忘记吃饭，他一丝不苟地面对科学研究中的任何细节，却在生活上马虎拖沓，闹过许多笑话。一次，他边读书，边煮鸡蛋，等他揭开锅想吃鸡蛋时，却发现锅里是一只怀表，原来他完全投身于书中，顺手将自己的怀表当作鸡蛋投入了锅里。

还有一次，他请朋友吃饭，当饭菜准备好时，牛顿突然想到一个重要的问题，便一声不响地独自进了内室开始工作，朋友等了他好久还是不见他出来，于是就自己动手把餐桌上的那份鸡全吃了，他不想打扰牛顿，于是就将鸡骨头留在盘子里不告而别了。等了很久，牛顿的工作告一段落之后，他才想起和朋友一起吃饭的事情，但是出来后，他并没有看到自己的朋友，他看到盘子里的骨头，自言自语道："看来是我记错了，原来我们已经吃过饭了。"于是他便转身又进了内室，继续研究他的问题。

在剑桥的大部分时间里，牛顿几乎是在通宵达旦地勤奋工作。牛顿的助手曾回忆：

> "他很少在深夜两三点钟以前上床，有时候凌晨五六点才睡觉。一天总共睡不到五六个小时，特别是在春天花开或秋天落叶季节更是如此。"

当我们习惯于称牛顿为"天才"的时候，我们更应该注意到牛顿这种全身心投身于科学的态度和勤奋，勤奋是铸造"天才"的重要材料。

牛顿经常一个人待在房间里，通宵达旦地工作。他通过书信的方式与外面的学者保持联系和交流。牛顿在这时发明了门上的猫洞，他在自己房间的门上挖了一个洞，在洞上蒙上一块帆布，以便他的猫可以自由地进出而不会打扰到自己。

不难看出，卓有成就的人总是善于利用每一分每一秒的时间，牛顿的可贵之处就在于他数十年如一日的坚持。

这是牛顿的黄金时期，尽管他的科学成果并没有在第一时间发表出去，但实际上，在 1670 年之前，他已经在数学、光学、力学等领域取得了当时最为先进的成就：微积分、光的颜色本质、重力平方反比特性。

牛顿十几年如一日地在剑桥的房间中进行各种研究与实验，他在剑桥的科学研究有很明显的阶段性特征：1667—1668 年，他的主要兴趣在光学；1678—1688 年，力学三定律和万有引力定律是他的主要兴趣所在；从 1688—1700 年前，他进一步发展了天文学并完善了他的数学研究。牛顿以无比惊人的速度攀登学术研究的阶梯，并且以惊人的坚持和耐性从事科学研究，终于将他的名字镌刻在世界科学史的不朽丰碑上。

第十章
皇家学会

1670 年，在数学和光学方面的成就在皇家学会主办的《哲学会刊》上发表，引起了广泛的关注。牛顿由此加入皇家学会，从此，他的生活与皇家学会紧密地联系在一起。

数学论文

1668 年底，巴罗先生拿给牛顿一本由德国数学家墨卡托撰写的《对数术》。牛顿阅读后，感到非常震惊。这本书的研究对象是当时数学家普遍关心的对数问题，牛顿发现墨卡托提出的一些观点与他的计算有某些相似之处。牛顿在 1669 年初把他的研究成果速写成了一篇论文。这篇才华横溢的数学论文，就是《无穷级数分析法》。这篇论文的内容十分丰富，牛顿展示了几个非常接近 sin x 和 cos x 值的无穷级数，还提出了求割圆曲线积分与摆线积分的各种技巧，并提出正切法与求积法是互逆的技巧，这篇论文后来被认为是微积分思想的雏形。

这篇论文得到了巴罗先生的赏识。巴罗先生毫不犹豫地决定由牛顿来接替卢卡斯讲座教授。1669 年 7 月，巴罗将这篇论文寄给著名数学家柯林斯，并告诉柯林斯这篇论文的作者是自己得意的学生，年轻的数学家牛顿。

柯林斯（1625—1683）是英国皇家学会的院士，在那个时代，他致力于推动欧洲各国之间的科学交流，鼓励各国的科学家通过互通信函或发表论文的方式进行广泛的交流。

柯林斯读到这篇论文后非常震撼，他认识到牛顿卓绝的数学天赋，并迫切地想见到这位青年才俊。1669 年 11 月，牛顿前往伦敦与柯林斯先生进行了会面，他们一起详细谈论了牛顿的论文，以及其他的诸如反射望远镜、级数扩展、和声比率等问题，他们还谈起了关于牛顿自己研磨镜片的情况。

柯林斯建议牛顿发表他的长篇评论，牛顿直接拒绝了。柯林斯已经感觉到，牛顿并不愿意跟别人谈起他工作的研究成果和具体方法。

牛顿一直以来都不希望他的作品公之于世。1671年牛顿在写给柯林斯的信中指出，如果他的评论一定要公之于众的话，他希望以匿名的形式出现在公众面前。“无论公众之中有谁想将我草草写就的东西予以出版，这个人将无法得到我的敬重”。实际上，牛顿在很多年中一直持有这种态度。他在给柯林斯的信中解释了他的隐忧，“因为从我那非常有限的发表作品的经历中，我已经发现除非与出版事务划清界限，我将不会获得以前享有的安宁与自由”。因为牛顿的坚持，这篇蕴含着牛顿微积分思想的论文没有在那时发表，直到多年后，德国数学家率先发表了关于微积分的研究成果，牛顿才将他的成果公布于众。

实际上，如果早年的牛顿愿意发表自己的研究成果的话，那么他必将被视为当时世界上最多产的科学家之一，并且极有可能是世界上前所未有的最有才华的数学家。这篇数学论文没有及时发表，也为日后他和莱布尼兹之间关于“微积分发明优先权”的争论埋下了隐患。

反射望远镜

1668年，牛顿成功制造出第一台小型反射式望远镜。这台望远镜全长 152 厘米，直径 2.5 厘米，观测放大倍数为 40 倍，与当时长达 2 米的折射望远镜的倍数相同。由于没有色差，它比折射望远镜更清晰。用它观看夜空，可以看到木星和它的四个卫星以及金星的盈亏现象和月面山谷，没有颜色条纹的干扰，影像清晰明亮。

1669—1670 年，牛顿致力于改进他的望远镜。1671 年，他终于制作出了更加精致的望远镜。这架望远镜制作工艺非常精致，以至于好几年之后，很多技艺卓越的工艺师们试图仿制，但都以失败告终。

牛顿制作了历史上第一支反射式望远镜，这之前的望远镜都是单筒望远镜，体积非常大，牛顿的望远镜在结构上和体积上都有所创新，他的这一发明为海上航行带来了重要的革命。令人难以想象的是，牛顿的望远镜是完全由他自己独立制作出来的，从每一个零件开始做起，他用自己精准的技巧做成合金反射镜，然后自己做模子、打光、装镜筒，装置部件，调整角度距离，直到它成为完美的望远镜。昔日的格兰瑟姆小小发明家经过几年的刻苦钻研，制作出了当时世界上最先进的反射式望远镜。

牛顿在 1669 年底前往伦敦会见了柯林斯，介绍了他的反射式望远镜。他指出，这台望远镜可以放大到 150 倍。经过柯林斯先生的推荐，皇家学会的“大人物”们得知牛顿制造出反射式望远镜的消息，他们非常迫切地想看到这台望远镜。1671 年底，巴罗教授将牛顿的这项发明呈现给了皇家学会。

皇家学会成立于 1660 年，是当时英国最高的学术机构。在 17 世纪，皇家学会的成员几乎全部都是英国两所著名的大学——剑桥大学和牛津大学的教授或研究员。皇家学会有正式的定期例会，以宣读论文为主，然后进行成员之间的讨论。后来又在会议中增加了正式的论证环节。

随着皇家学会的发展，它渐渐成为伦敦所有科学的仲裁者，任何被认为在学术上有成就的人，都会被邀请出席会议。皇家学会建立了良好的机制与制度，是世界上历史最为悠久且自成立之日起就未曾中断过的科学机构，是今天各种科学院的重要历史模板。《哲学会刊》创办于 1665 年，是世界上第一本科学研究的专门期刊，最初由皇家学会的首任秘书亨利·奥尔登伯格负责编辑出版。

牛顿的反射式望远镜在皇家学会院士中间引起强烈反响。1672年初，牛顿收到了皇家学会秘书奥尔登伯格的信函：

先生：

与您素昧平生，是您的独创促使我写这封信。蒙您慷慨，将您发明的收缩望远镜送给本会的哲学家们。几位在光学科学与实践方面最杰出的人物对之进行了考察与深思，大家交口称赞。他们认为必须采取措施，保证此发明不被外国人篡夺。所以，我们细心地画出了您送来的第一个样品的图样，对该装置的各部分进行了描述，并说明了与普通但大得多的玻璃相比，它的作用效果。此图以及由皇家学会（您最近已由萨勒姆大主教提名为该会候选人）秘书写的说明，将以正式信件送到巴黎，呈交惠更斯先生，以防一些在此见过此物，或与您一道在剑桥的陌生人僭取。一些假冒的旁观者将新的发明和设计从真正的作者手中夺走，这种事已屡见不鲜。但是，不先通知您而将其送走，我们认为欠妥。现将画好的图样及说明寄上，请您作必要的增补与修改。改完后，请您将它与

您认为必要的修改部分一道寄回……[①]

先生

您谦卑的仆人

奥尔登伯格

奥尔登伯格作为皇家学会的首任秘书，长期支持牛顿的实验思想，在牛顿进入科学舞台的最初过程中，他起到了非常重要的作用。牛顿对于来自皇家学会的肯定感到非常高兴，他很快给奥尔登伯格先生回复了一封热情洋溢的信：

拜读您的信，我惊讶地得知，为了保证我的发明权，你们如此费心，而我迄今认为它几乎毫无价值。因此，既然皇家学会认为它值得称颂，我也必须承认，它因此价值更高。至于我，我从未想过将它公之于世，所以倒是情愿让它像前几年一样秘而不宣。……萨勒姆大主教提名我为候选人，对此殊荣我感同身受。我希望能选入学会，这样我会更觉荣幸。倘能如此，我将努力证明

①[法]丰特奈尔著，赵振江译：《牛顿传记五种》，北京：商务印书馆，2007年，第102页。

我的感激之情，将我浅薄而孤独的工作公诸于世，使之能有助于促进你们的哲学研究。

正像奥尔登伯格期望的，牛顿接受了皇家学会给惠更斯寄送说明书的计划，并提出了一些建议，其中包括该望远镜可以消除图像的颜色，以及维护望远镜的方法和镜头所用合金的信息。惠更斯（1629—1695）是荷兰著名科学家，他于1663年成为皇家学会首位外籍院士。惠更斯先生对光学颇有研究，他收到说明之后异常兴奋，称之为“牛顿先生神奇的望远镜”。这台望远镜为牛顿带来了巨大的声誉，成为他进入“皇家学会”的敲门砖，直到今天，仍然是皇家学会最珍贵的收藏品之一。

光学论文

在这台望远镜之后，牛顿对于光学有更深刻的思考，形成了一篇重要的光学论文。关于这一发现，牛顿在1672年1月曾向皇家学会这样报告：

“我决定将一个哲学发现奉献给他们考察与思考，证实这一发现使我能造出这台望远镜。我毫不怀疑，并且一定会证明它比公开那一装置要有意义的多。据我判断，在迄今为止对自然界运转的所有探索中，它如果不是最有价值，也一定是最奇特的。”

1672年2月，牛顿将这篇有关颜色理论的论文寄到了伦敦，公开了他的光学研究成果。这篇光学论文寄出后，奥尔登伯格先生立即给他回信。信中充满了溢美之词，他告诉牛顿，这篇论文已经在皇家学会宣读，受到特别的关注和非同寻常的欢迎。如果牛顿同意，将立即在会刊《哲学学报》上发表。牛顿看到回信后兴奋而紧张，回信说：

“我原来认为能成为这样一个声誉卓著的团体的成员为一大荣幸，而现在更觉得获益匪浅。请相信我，先生，我不仅认为与他们共同努力促进真正的知识是我的责任，而且是一种崇高的特权，这样，我就不用将论文交给充满偏见而又吹毛求疵的人（因为这意味着许多真理的受损与丧失），而是可以自由地将自己交给这样明智与公正的群体。”

牛顿的这篇论文发表在1672年2月19日的

《哲学会刊》上，随后，奥尔登伯格用通信的方式将之与望远镜一起介绍给欧洲的自然哲学家，很快引起了轰动。

在此之前，笛卡尔认为颜色是由不同旋转速度的小球产生的；波义耳则坚持是由于眼球对光的修改才使视觉感到颜色；胡克认为是光的脉冲的强弱程度不同产生的，牛顿的老师巴罗先生提出颜色是由放出的光的稀疏程度不同形成的。在这篇论文中，牛顿经过实验和用原子论观点分析之后，提出各种颜色是由不同折射率的光形成的，这与前人的颜色理论显然是不一样的。

通过实验，牛顿认识到，白色光实际上是一种混合物，他这样进行描述：

> “白色的组成是最令人惊讶的、最奇妙的。没有任何一种光线能单独呈现出白色，而白色又是7种基础颜色按照一定的比例混合而成的。我常常怀着敬仰的心情，用棱镜把这些不同颜色的光线分开，再把它们重新混合起来，造出完美的、纯粹的白色。”

牛顿担任卢卡斯教授后选择光学作为他就职的系列讲座，在1670—1672年系统讲授了折射光、光和颜色的新理论以及太阳光谱。到此为止，牛顿发现太阳光谱这一事实才被皇家学会及学术界所了解。牛顿在 1675 年 12 月给奥尔登伯格的信中，明确将颜色分为红、橙、黄、绿、青、蓝、紫。

几个世纪以来，人们认为白光是宇宙间最纯洁的力量，是上帝的象征。牛顿通过实验要证明的是，白光并不是纯洁的，而是一种混合体，这在当时被视为一种“异端邪说”，打破了公众的固有认知模式。当时公认的欧洲科学界领袖惠更斯读到论文后，认为这是一个“新理论”，“很有独到性”。

关于颜色理论的这篇论文，是牛顿公开发表的第一篇论文，它深刻地改变了人们对于光和颜色的认识的传统观念。更具革命性意义的是，在《哲学会刊》此前发表的文章中，从来没有一篇是以实验为主，对一种已经被接受的理论提出挑战并进行重大修正的文章。至此，牛顿凭借卓越的成就，已经真正地站到了世界最优秀的自然哲学家行列中。但这只是一个开始，牛顿以此为基础，在力学、数学等领域做出了更大的贡献。

加入皇家学会

牛顿最初引起皇家学会的重视，是因为他发

明了反射望远镜并且向会员们详细说明了它的结构，随之在皇家学会的会刊上发表了光与色的著名论文，这让年轻的牛顿声名鹊起。包括惠更斯先生在内的同时代哲学家都对牛顿的发明赞赏有加。

由于牛顿的出色研究，他在剑桥时的老师巴罗为他指引了更加宽阔的道路。巴罗向英国皇家学会推荐牛顿，希望他加入皇家学会。

鉴于牛顿在光学研究领域的突出成绩，皇家学会接纳牛顿为学会院士。1672 年 1 月，牛顿正式加入皇家学会。加入英国皇家学会，是牛顿人生道路的重大转折。皇家学会是一个更大的平台，牛顿在这里更大程度地施展自己的才华。后来，随着他学术威望的不断提升，他曾担任皇家学会的主席，他的一生对皇家学会的建设和发展有重要的贡献。

牛顿的一生与英国皇家学会有难以割舍的联系，牛顿的名字，从此与皇家学会紧密地捆绑在一起。

第十一章 光学论争

牛顿的光学论文是一项重大研究成果，纠正了以前对光的本质的错误看法。但在牛顿发表这篇论文时，却引来了广泛的质疑和争论。当时的科学界从学说和实验等角度展开了广泛的讨论，并持续了好多年。一项科学学说得到人们的认可与接受，需要长时间的论争。关于光学的论争，是牛顿人生历程的重要内容。

胡克的质疑

牛顿用三棱镜进行光的实验，把白光分解成红、橙、黄、绿、青、蓝、紫七种颜色的光带。他通过倒置棱镜，又把七色光带综合为白光。这样，就正确解释了白光（即日光）是由有色光组成的，从而奠定了光谱学的基础。

牛顿的实验逻辑严谨，无可挑剔，但这篇光学论文的结尾却提出了一个引来无数麻烦的结论：光是物质的这一事实也许再也不容否认了。

牛顿的论文发表仅仅一周时间，胡克就写信给皇家学会秘书奥尔登伯格先生，称自己对牛顿的理论持有重大的保留意见。牛顿的论文遭到了胡克的强烈质疑，并引发了一场激烈的争论。

罗伯特·胡克（1635—1703）是英国著名物理学家，胡克出身贫寒，却是一个才华横溢、有雄心壮志的人。他毕业于牛津大学，在许多领域做出了非常突出的成绩。胡克首先对弹簧的性质进行研究，提出了力学领域最基本的胡克定律。在光学领域，胡克提倡光的波动说，并制作出非常实用的显微镜。他几乎是一个通才，在地质学、植物学、制图学、解剖学、望远镜等方面都小有成就。他的《显微术》是第一部论述显微学的专著，出版于1665年，牛顿曾经详细地阅读此书，并在私底下对胡克非常钦佩。

胡克表示，他认同牛顿所描述的实验现象，但他认为牛顿的实验结论是错误的。光的不同折射度不能用牛顿的白光异质性理论来解释。胡克坚持光的波动说。胡克还宣称，他其实早就发现了类似的现象，但并不可以用牛顿的理论来解释，他早就思考过这一问题，只是因为公务繁忙无暇去进行实验证明。在胡克看来，牛顿的理论缺乏具有说服力的关键实验来证明，他的理论充其量是“一种非常精巧的假设”，而完全不是一个数学证明那样具有确定性。胡克认为他的实验和结论之间缺乏严密性，在实验结果和结论之间没有必然性，他甚至可以提出其他的“假设”来解释牛顿实验中的现象。

1672 年 6 月，牛顿根据自己的实验记录，并从他的光学讲义中选取了大量的数据，撰写了一篇长文来答复胡克。在这篇文章中，牛顿首先以高傲的姿态谴责了胡克的行为。他认为胡克应该给他写一封私人信件，而不是向皇家学会公开地说明这一事情。在它看来，胡克所认为的那个“假设”，并不是他的论文想要表达的。

随后牛顿对胡克提出的光的波动说进行了直接的攻击。牛顿认为，虽然有人会承认胡克的波动说能够解释他描述的实验现象，但胡克的这一假设很显然面临一系列问题。胡克的“假设”不仅不够充分，而且难以理喻。胡克先生如果坚持实验的严密性，那么他就应该承认牛顿实验结论的真实性。在文章的最后，牛顿坚称他的关键性实验名至实归。

面对胡克的质疑，牛顿选择在皇家学会会议上进行回击，并再次确认自己理论的正确。在这次会议后，作为试验负责人的胡克先生被正式要求，将牛顿原来的论文重做一次完整的评估，还要把牛顿文中详细叙述的实验重新做一次，并且要尽快向皇家学会提交一份准确的报告。胡克依然坚信自己的光的波动说：

> “我已经拜读过牛顿先生的大作……且他的观察是如此新奇和完美，令我非常高兴。但是，虽然我完全同意他所陈述的都是事实，因为那些东西都已被测试过千百遍，产生的结果也都一样，但坦白讲，对于它用于解释颜色的假说，我尚未亲见足以说服我、使我无法否认的雄辩证明。至今为止，自我所从事的实验和观测，甚至从他所说的实验中，我完全可以证明光是一种脉冲，或者说它是在均匀、一致和透明的介质中传播的一种运动。”①

---

①[英]迈克尔·怀特著，陈可岗译：《最后的炼金术士：牛顿传》，北京：中信出版社，2004年，第264页。

在给奥尔登伯格写信时表示，他后来又按照牛顿的提示用棱镜和有色环做了进一步的实验，但依然无法相信牛顿的结论。不过，他告诉奥尔登伯格，如果他的信冒犯了牛顿，他对此深感抱歉，但他坚称对自己的观点确实有很好的证据。

牛顿的望远镜及其光学研究的成绩让更多人知道了他的名字，同时也引来了持不同观点的人的争论。牛顿的光学论文发表之后，受到了一些科学家的质疑，这种质疑是在学术论争的范围内进行的。胡克和惠更斯是比较激烈的反对者，他们反对光的微粒说，而坚持光的波动说。观点的分歧，是他们论争的主要原因。

面对来自胡克的质疑，牛顿难以忍受。他将自己的想法写信给奥尔登伯格，表示他想退出皇家学会，他说，他感觉到自己与伦敦的皇家学会之间有非常大的“距离”，这使他没有办法为学会带来裨益。

他还告诉柯林斯先生，他受到了学会某些成员的“无礼对待”。奥尔登伯格尽量从中斡旋，并坚持牛顿留在皇家学会，并表示大部分皇家学会成员对牛顿先生还是充满尊敬和爱戴的。

站在巨人的肩膀上

牛顿在剑桥过的一直是隐居的生活，如今他进入了一个更大的科学天地，他没想到的是，迎接他的是一个接一个的质疑。

在牛顿的脑海中，胡克是那个最难对付的人。两人的争论从公开场合转变为私人信件。

胡克向奥尔登伯格先生提出，他很愿意和牛顿进行私人通信，如果可以的话，他愿意通过个人信件向他提出一些异议。胡克在这之后直接给牛顿写信，在信中用非常谦恭的语调表达了他们之间存在的误会。他认为牛顿得到了错误的信息，并表示自己就曾经经历过这样“险恶的事情”，他说，长期不和或“被卷入无谓的争斗”并不是他希望的，“我们是两个不愿意屈服的竞争者，我认为你的观点和我的想法一样，都是对真理的发现。我还认为我们都是能够听得进去反对声音的人”。胡克的信在今天的我们读来，确实充满了包容与公正，但事实上并非如此，胡克明显有言行不一之处。

对于胡克如此谦恭的表态，牛顿及时给予了答复。他在信中称胡克先生是一个真正的哲学

家，并表示赞同两个人采取直接通信的方式。

他告诉胡克，他非常欢迎通过私人通信的方式进行交流，因为“在众目睽睽之下所做的事情除了探寻真理之外，很少有不带别的考虑的”。牛顿的信写得不卑不亢，在对胡克进行恭维的同时，也恰切地表达了自己的清高与傲气：

> “笛卡尔为后人打下了坚实的基础，而您进一步开拓了研究的道路，尤其是在用哲学思想思考颜色的问题上。如果说我看到了更远的东西，那是因为我站在了巨人的肩膀上。”

牛顿被后人一再引用的名言即出于这封信，后人将这句名言解读为牛顿的谦虚。但在这封信中，这句话的意思是丰富多义的。最后的这句家喻户晓的名言，真正显示了牛顿讽刺的本领。胡克是个驼背的矮子，鉴于此，“站在巨人的肩膀上”这句话就具有很强烈的讽刺色彩，在字面上是恭维，说胡克是个巨人，但实际上他是在嘲讽胡克是个矮子。

实际上，牛顿与胡克长时间的争论，除了科学研究上的相互冲突，最根本的原因在于两人性格上的冲突以及对做学问方式的冲突。迈克尔·怀特先生在《最后的炼金术士：牛顿传》中对这一冲突做了精彩的描述：

“在做学问的态度方面，牛顿轻视浅尝辄止的学习态度，不屑于那些不愿意为知识鞠躬尽瘁的人；胡克则视牛顿为一个干果壳，毫无生活情趣可言，人固然很杰出，却是一个刚愎自用、自作主张和自我陶醉的人。这样的两个人不可避免地会在工作和性格方面发生冲突，而各人自己的强大自我意识，更夸大了彼此之间的差异。他们都在无意识地维护自己的研究方法，并且完全不承认对方的成就。”

实际上，胡克的某些说法和结论是非常敏锐的，甚至击中了牛顿的要害。除去两个人在争论中的那些气愤之词，总起来说，他们之间的论争对于牛顿的科学研究来说，是有很大启发的。胡克提出了一个重要的问题，那就是哲学解释必须为解释对象提出可以理解的物理原因，这就给自然哲学家理解牛顿的理论定下了一个基本模式。性格迥异的两个人，在对待科学发明这一问题上，几乎非常一致地重视自己的研究成果，并且不惜一切代价来捍卫自己的“发明优先权”。

论争与攻击

在这之后，惠更斯先生也加入了这场争论。惠更斯基本上赞成胡克的观点，他指出，牛顿并没有遵守机械哲学的基本原则，他应该提出一个物理假设来解释光通过棱镜后何以会展示出不同的颜色。如果牛顿做不到这一点，那么他就没有告诉我们颜色的本质与差异，他教给我们的就只有“不同颜色具有不同折射度”这样一个偶然事件了。

惠更斯在对光的本质的观点上，与胡克一致，持光的波动说。他们认为，光是通过匀质的、无形的介质传播的一种脉冲或运动，而颜色是光经过折射而产生的改变引起的。

在听到惠更斯的说法之后，牛顿直接给他写了一封措辞非常激烈的信，他在信中更加详细地说明了自己的实验和光学分析，他甚至斥责道：

> “这一点是如此明显，以至于我觉得认识到这一点不该有丝毫的迟疑，对那些懂得如何检验一种颜色是简单的还是复合的以及一种颜色是由什么颜色构成的人来说更应如此。”

作为更加权威的学者，惠更斯被牛顿的态度激怒，他表示，如果年轻的牛顿如此激烈地为自己的理论辩护，他们之间就没有争论的必要了。惠更斯表现出了长者的大度，他给牛顿寄送了一本他的代表著作——《钟摆》。

这时的学术界信奉的是著名科学家波义耳的研究准则。他认为，有一些科学家倾向于用数学的方法来研究自然科学，并给出非常确凿的结论。这其实是有失偏颇的，对数学的过分依赖，很容易根据自己的研究提出无根据的、过于确信的主张。而牛顿的光学研究恰恰是以严密的数学计算为基础的，他宣称，光的颜色是一种基于数学原则的科学，颜色的相关学说应该以精确的实验为基础，通过周密的数学运算得出准确结论。

牛顿在皇家学会获得声誉的同时，招致了不少的非议和质疑。面对胡克和惠更斯的质疑，牛顿被激怒，甚至萌生了退出皇家学会的念头。他没想到的是，在这之后，他还受到了皇家学会外部的质疑与批判。

从这些论争中，我们可以看到科学观念的冲突，还有研究方法的不同，以及牛顿为捍卫自己的观点所表现的偏激情绪。

首先是来自耶稣会的利努斯的批评，以此为开始，掀起了对牛顿理论的新一轮攻击。他们认为，牛顿在论文中所给的各种指示操作起来非常困难，并且重复试验也很难取得牛顿所说的实验结果。但是在牛顿看来，耶稣会会士是在明目张胆地攻击他的真诚和能力。他坚持认为自己的关键性实验足以证明他的理论是站得住脚的。他批评耶稣会会士没有按照他的指示做实验，批评他们没有能力按照要求的精度去测量折射角度，批评他们使用的棱镜不合格。

1678 年 2 月，牛顿向卢卡斯（卢卡斯是耶稣会会士，与牛顿有大量书信来往）索要他早期一封来信的副本，这封信在两个月之前已经得到牛顿的首肯发表在《哲学会报》上。这时，奥尔登伯格刚刚去世，胡克成为皇家学会的新任秘书之一，这封信正是经过胡克之手发表的，手稿自然在胡克的手中。但牛顿发现，卢卡斯发给胡克并要求发在《哲学会报》上的那封信与原件稍有不同。

同年 3 月，牛顿在写给卢卡斯的最后一封信中，对卢卡斯早期信件所体现的低下的科学质量大肆攻击，情绪异常激烈。牛顿这时已经处于崩溃的边缘，他称卢卡斯和他的耶稣会会士一起策划了一个针对他的阴谋，将他逼入其深恶痛绝的公开辩论中。他在这封信中告诉卢卡斯，他的观点大多都太无力，无法让人相信，他不愿意与他们展开公开争论。如果和耶稣会会士的公开争论让他大倒胃口，那么他可以将时间花在其他有意思的事情上。

除此之外，牛顿还受到了比利时人莱纳斯的无端攻击，1676 年，牛顿在沉重的苦闷和烦恼中，气愤地给奥尔登伯格写信道：

> “我明白，我使自己变成了哲学的奴隶，如果我能摆脱莱纳斯这家伙，我决定向他永远告别。从今以后，除了满足自己的意愿而工作之外，我绝不愿意别人知道我在做什么。如果你一定要发表我的论文，那么等我死后吧。否则，我便会成为维护自己的奴隶。”

这时的牛顿是一个纯粹的学者，他期望将更多的时间与精力投入到科学研究之中，而期待尽量避开那些无谓的争论。

但 17 世纪注定是一个在科学上广泛争论的时

代，这是“自然哲学”在逐渐摆脱神学的束缚之后走向独立的艰难过程，在这一过程中，科学研究的许多制度（例如对发明优先权的重视）得以建立，现代科学研究的雏形正是在广泛而持久的争论中浮现的。

1676年4月27日，对于牛顿来说是个值得纪念的日子。这一天，牛顿的光学论文在皇家学会的官方实验中，获得证实，这就意味着他的“假说”已经转变为一个可以被重复实验验证的光学理论。牛顿的文章发表后的四年中，《哲学会刊》每个月都刊登人们对光学的不休争论：共有10篇文章犀利地批判了牛顿的观点，而牛顿则发表了11篇文章捍卫自己的观点。

一年之后，巴罗教授因病去世，牛顿陷入了更大的孤独之中。同年，奥尔登伯格也因病去世。奥尔登伯格是牛顿与皇家学会的联络人，现在他去世了，牛顿一度对于是否继续留在皇家学会产生了深深的迟疑。

在这之后，胡克先生担任了皇家学会的秘书，牛顿敏锐地感觉到，皇家学会的整个学术气氛都已经到了难以忍受的地步。他好不容易建立的与学术界沟通交流的信心，在一瞬间又崩溃了。

尽管他的光学论文已经得到公开的验证，但依然有很多批评者不同意牛顿的研究成果。牛顿选择了再度封闭自己，他决定独自一人去探索更加深广的知识海洋，这样的状态一直维持到他下一次发表重要成果，当然，不可避免地再度与他人发生争论，并再一次获得更高的荣耀。

1679 年，牛顿的母亲病重，他回家照顾母亲直到去世。在母亲遗嘱中，她让牛顿成为沃尔索普庄园的唯一继承人。并且强调，牛顿可以决定以最合适的方式安葬她。不难看出，这时的母亲对牛顿是充分尊重的，她大概已经充分认识到自己当年阻挠儿子上学是错误的，儿子注定会成为一名科学家。牛顿在悲恸中安葬了母亲，母亲的去世使牛顿变得更加离群索居。但是，他的科学成就获得了更多人的认可，他的名声也越来越大，他逐渐在皇家学会找到属于自己的位置。

牛顿处理完母亲的后事，回到了三一学院。这时，他收到了胡克先生的一封信。胡克首先表示了愿意和他消泯以前的各种误解，欢迎他积极地投入皇家学会的讨论。胡克还表示，他正在思考行星运转轨道的问题，提出了一些假设，想请教牛顿给予数学的解答。

从这时开始，牛顿投入了对力学和天文学的精确计算和研究，几年之后，他带着自己的巨著《自然哲学的数学原理》走向了科学的巅峰。

第十二章
《原理》与巅峰

早在20多年前，牛顿就已经通过观察、思考苹果的降落过程，对物体的自由落体运动有了一定的见解，但他一直没有公开发表自己的学说。45岁的牛顿出版了巨著《自然哲学的数学原理》，这本著作标志着他的科学研究创造性工作的巅峰。

哈雷与《原理》的出版

牛顿的《原理》一书得以出版，与当时皇家学会秘书哈雷先生的帮助有密切的关系。如果没有哈雷先生的全力相助，《原理》可能不会那么早出版。

哈雷（1656—1742）是英国著名的天文学家，“哈雷彗星”的发现者。哈雷出生于富贵之家，从小就对天文学有浓厚的兴趣，立志要做一个天文学家。哈雷是牛顿最为信赖的朋友。这主要是因为，哈雷精于察言观色，非常巧妙地领悟到了与牛顿的相处之道。

牛顿与哈雷的友谊在物理学界与天文学界是一段佳话，他们相互帮助，取得了重要的成就。其中，以哈雷命名的“哈雷彗星”，就是牛顿和哈雷合作的结果。

哈雷对行星运行的轨迹问题进行了长时间的思考，当他得知牛顿在这一领域有所研究时，他在 1684 年专门前往剑桥拜访牛顿，并进行了卓有成效的交谈与交往。哈雷的到访，直接引发了牛顿搁置已久的研究，使他重新开始对物理学的研究，这段谈话，成为科学史上的一段美谈。

哈雷：先生，你可能不记得了，我们几年前见过。

牛顿：我记得，哈雷先生。

哈雷：很抱歉来打扰你。

牛顿：不用客套，有话直说。

哈雷：我一直与我的朋友胡克、雷恩在讨论……

牛顿：胡克不是我的朋友，我没有那样

的朋友。

哈雷：我明白。重点是，我们一直在讨论行星运动的难题。我们都认同，某种吸引的力量来自太阳，控制着行星的运动，我们感觉一定能有一条数学定律来形容这种根据距离而改变的力量。以您的能力……

牛顿：没错，重力所产生的吸引力，与距离的平方成反比，这就是椭圆轨道形成的原因。

哈雷：但您是怎么知道的？

牛顿：怎么了？我五年以前就算出来了。

哈雷：啊？求你了，让我见识一下。

牛顿：（在一堆手稿中寻找）计算结果就在这里，这样吧，我重新做一份，然后寄给你。

哈雷：太不可思议了，相见恨晚啊！

在等待牛顿信件的这段时间里，哈雷在内心里甚至一度怀疑牛顿是在吹牛，而牛顿也在潜意识里害怕哈雷会像胡克那样用别的办法羞辱他。哈雷选择耐心地等待，他足足等了三个月，这期间，牛顿综合整理并重新计算了他的公式，将结果寄给了哈雷。

在看到牛顿寄来的运算结果之后，哈雷建议牛顿写一本书来系统地解释这一定律。牛顿看到了哈雷的真诚，他这时对天体运动各种问题的思考也已经成熟。他意识到应该把他的思考和发现公布于众。

于是，他开始着手撰写这部著作。撰写《原理》时期的牛顿几乎发狂地工作，时任牛顿助手的汉弗莱的回忆成为我们认识他写作过程的重要资料：

> “我从来没见他做过任何运动或休闲活动，既不骑马兜风、散步，也不玩滚木球或任何其他运动。他几乎从不离开书房，好像一分钟不做研究就要损失几小时的宝贵光阴。他既努力又认真……他吃得很少，时常还忘记吃东西，我有时到他的书房里发现他完全没有碰过食物。当我提醒他时，他会快速走到食物面前站着吃一两口就算了。我可以说，我从没看过他坐在餐桌旁吃饭。
>
> 曾有很少几次他打算上大餐厅吃饭。他出门之后立即向左转往大街走去，在街上他停下来发觉自己走错了，就匆匆回头，可是他往往不是走入餐厅，而是回到自己的书房

去了……有时候他会到自己的花园去绕一两圈，突然站住不动，转过身来又跑到楼上，像阿基米德一样大叫‘我找到啦’，然后站在桌前写起来，就连拉出椅子坐下来的时间都省掉了。”①

这部书写作于1684—1687年之间，在写作这部书的过程中，牛顿时时处于天才的创造中。《原理》的问世，一方面得益于牛顿长时间的积累，一方面则是牛顿废寝忘食工作的结果。不难看出，此时的牛顿的确处于一种“沉迷”的状态，这也是《原理》一书得以成功的重要原因。从1665年返回沃尔索普，到1687年发表科学巨著《自然哲学的数学原理》，这是个漫长的、科学思想不断成熟的过程，也是牛顿不断纠正自己的过程，他一步步将那些直觉的观念转化成坚实的科学原理。

牛顿终于在1687年4月份完成了书稿的第三部分，他将书稿交到哈雷手中，哈雷很快回信给牛顿说：“全世界都会为你能够如此深入地参透

①[美]格雷克著，吴铮译：《牛顿传》，北京：高等教育出版社，2014年，第123页、第125页。

自然的奥秘而感到骄傲，人类的智慧都会因这接触的思想而升华至更高的境界。”最初英国皇家学会要出版这部书，但是这个机构凑不出足够的钱，只好放弃。在如此困难的情况下，哈雷先生决定自费出版这本书。尽管在这本书的写作过程中出现了诸多的不顺利，但是这部巨著还是于1687年正式出版了。

这一年的7月，哈雷用一辆四轮马车把60册《自然哲学的数学原理》从伦敦运送到剑桥。他请求牛顿将其中的20册分发给大学的同行，剩下的40册拿给当地的图书经销商，价格大致定在5—6先令每册。

这本书的开篇是一段由哈雷撰写的歌颂牛顿的华丽的颂诗，这首颂诗名曰《致人杰》：

天空最深处的秘密被揭示
是最外面的天球旋转的力不再隐蔽
现在已知骇人的彗星走过的弯曲路径
扫帚星的天象不再令人惊奇
所有这些，让古代贤人苦恼
学派之间徒然争吵
我们看到
数学驱散云雾

这首颂诗指出了牛顿最突出的贡献——万有引力的发现，以及他最依赖的武器——数学。在这之后，哈雷还写了一篇匿名的颂扬评论发表在皇家学会的会刊《哲学会刊》上面。

这本书在出版后，关于它晦涩难懂的传闻比这本书流传的速度还要快。剑桥大学的一名学生在牛顿去世后曾这样说，“这样一个人写的书不仅他的读者难以了解其中的内容，连他自己想必也会觉得有些不知所云吧!”其实，牛顿曾经考虑过撰写一个普及版本，但最后还是决定缩小他的读者群体，他认为这样可以避免争论，他在私下里曾这样说，“这样可以避免那些对数学一知半解的小人咬住我不放。”

当时的这些人很难想象，正是这本书改变了物理学的进程，成为经典物理学的奠基之作，被誉为物理学“圣经”。《自然哲学的数学原理》的出版，标志着牛顿科学研究的巅峰。牛顿那些天才性的思想与发现在这本书中得到了集中的呈现。

这本书出版之后，获得了当时读者的广泛好评，不断再版的同时，英文版本也很快出版。1713 年，拉丁文版的《自然哲学的数学原理》第

2 版发行，1725 年，第 3 版发行。1729 年由莫特将其译成英文付印，就是现在所见流行的英文本。后来出版的不同版本，都由牛顿本人亲自增订，并撰写序言。《自然哲学的数学原理》自 1687 年出版之后，陆陆续续被翻译成各种语言，它的中译本出版于 1931 年，对中国现代科学产生了重要的影响。

《自然哲学的数学原理》出版之后，经历了两极化的漫长的接受过程：一方面是它的晦涩难懂，大部分人不能读懂；一方面是在少数科学家那里，看到了它的价值，认为是真正的杰作。经历一个漫长的过程，这本书才成为物理学的奠基与经典之作。

关于这种现象，牛顿最早的传记作者——法国的丰特奈尔先生在 1728 年写道：

> “在 1687 年，艾萨克·牛顿终于决定揭开面纱，现出他的真面目。于是，《自然哲学的数学原理》披露于世。这本以最深邃的几何学作为新哲学体系基础的书，起初全然没有取得它应得到的荣誉，这种荣誉是它后来才获得的……大批几何学家如不很专心就不能理解，并且那些下层的人直到这本书受

到最精通的专家们的称颂所鼓舞之前，对它是不了解的。但是最后，当这本书受到充分了解时，它慢慢获得的这些称赞在各个方面爆发，并连成一片赞扬。每一个人都被整个著作所闪烁的创造精神所打动，都被大师般的天才所打动，这种天才在整个最愉快的年代期间，仅有一切最有学识的国家挑选出来的三四个人所分享。”①

历史上，天才总是孤单的。他们的思想和学说总是不能在短时间内获得广泛的接受。但历史终将证明它的价值。

胡克发难

1679 年，胡克和哈恩、哈雷等科学家曾一起讨论行星的轨道问题，他们根据公式推测出，太阳作用于行星的引力与它们到太阳的距离的平方成反比，但至于这种力为什么会形成椭圆轨道，它们并没有计算出来。为此，在 1680 年，胡克曾经专门写信向牛顿请教这一问题，他还提出了计

①[法]丰特奈尔著，赵振江译：《牛顿传记五种》，北京：商务印书馆，2007 年，第 201 页。

算中需要谨慎的问题，比如，因为太阳和行星的体积都很大，能否在计算过程中直接将它们作为“质量集中在中心的点”进行处理？

胡克推测出这一结论，但他没有雄厚的数学知识作为基础，没有办法解决。所以，在 1680 年，他给牛顿写信说，“我丝毫不会怀疑用你杰出的方法可以轻易算出该曲线是什么、有什么特性，并且还能为这个比例提出它的物理意义。”胡克的思路启发了牛顿，他开始着手整理数据，通过大量的计算，导引出了万有引力理论。其实牛顿内心清楚，他应该感谢胡克，是他激发了自己以椭圆形轨道的行星运动配合平方反比定律的灵感，并一举解决了这一重大问题。多年之后，牛顿在给哈雷的信中承认，“胡克纠正了我的螺旋路径，引发我重新探讨椭圆形轨道，才能使我发现这个理论。”但是胡克毕竟没有计算出结果，而是牛顿凭借严密的数学计算得出了准确结论。

牛顿之所以能写出《原理》，除了哈雷的资助，胡克的启发，更为关键的是以下两个方面的因素：

第一，牛顿的数学知识和功底，这是他能有突出贡献的一个基础，为什么胡克、哈雷没有计算出来，就依赖于这样一种数学能力。牛顿的物理学成就，是以数学，特别是微积分为基础的。他在1665年发现了这一算法，并且在这之后开始思考如何运用微积分的方法计算行星运动的轨道问题。他试图用准确的数学公式描绘出行星环绕太阳运行的轨道，以及月球环绕地球运行的轨道。如何用具体而直观的数学公式来呈现、表现这运动，是牛顿一直努力解决的。

第二，实验的重要性。当时普遍的实验方法是这样的，绳子的一端绑上一个小石头，让它做圆周运动，在旋转的过程中，石头受到两种力的作用，一种是向外的拉力，我们习惯称为“离心力”，一种是向内的力，即“向心力”。它们之间相互抵消，所以石头可以在空中做圆周运动。如果绳子在一瞬间被突然剪断，石头就会沿着那一瞬间的方向飞出去。牛顿仔细思考并改良了这个实验，他通过精密的数学计算，尝试计算出完成一圈的圆周运动的物体所受到的作用力的大小。

长达550多页的科学巨著《自然哲学的数学原理》是牛顿长年累月进行思考的结晶，它以数学为基础，融合不同领域的知识构筑而成。

1686年，牛顿将完成的书稿第一卷寄送给时任皇家学会秘书哈雷先生，哈雷对它评价很高。哈雷在回信中告诉牛顿：

“阁下，您的著作非常深刻，解决了非常难的问题。但现在有一个小麻烦。您肯定猜到了，就是胡克先生。您在这部著作中论述了重力减小的法则，胡克先生告诉我，他自己也曾研究过这个问题，并且您在这部著作中涉及了他的观点，所以，嗯，阁下，他希望您能在这本书的前言中提到他，以及他的研究。

不得不承认的是，胡克在这一问题上的猜想确实给牛顿很大的启发。但问题的关键是，胡克仅仅对这一定律进行了猜测，而没有形成一个准确的结论。这激怒了牛顿，严重扰乱了他的思绪，以至于使他无法专心进行研究。牛顿在给哈雷的信中怒骂胡克是一个‘不折不扣的伪君子和强盗’。

这样的举动对我而言非常的奇怪，而且是我不应该承受的，事实胜于雄辩，他倒不如因为自己的无能而为自己开脱好了。他平庸的言辞已经证明他对这个问题无所适从。难道此时他不应该得到惩罚吗？数学家应该

专心致志、孜孜不倦地进行看似枯燥的演算和艰苦卓绝的工作，而不是虚伪地攫取并非自己创造出来的劳动成果。

*他以为我应该感激他告诉了我他的理论，但是我自认为没有遵从他的错误，而是对此做了修改，他也无非是教给我一个尽人皆知的道理，我比他更准确地提出了这些观点。试想一下，一个人自以为了解并且很喜欢显示他的正确性，同时对别人指手画脚，当你繁忙的时候来打扰你而不是求得你的原谅，他还会责骂你，通过他的错误干扰你，并以此来吹嘘是他传授给你他所持有的言论，强迫你认同这些东西，还说自己是受伤的羔羊，如果你不按照他的意愿做就是不公正的表现，我相信你一定会认为他是一个怪异的不擅交际的人吧。”*①

面对胡克的过分要求和干扰，牛顿甚至赌气说自己要停止《原理》第三卷的写作，但实际上，他并没有停止，反而更加认真地撰写第三

①[法]丰特奈尔著，赵振江译：《牛顿传记五种》，北京：商务印书馆，2007 年，第 136 页。

卷，在表述方式上更加数学化，因此也更难理解。很多人认为第三卷的晦涩难懂是牛顿在故意回避胡克的质疑，他要给胡克一个教训，以此来证明自己。从这本巨著的内在思路来说，第三卷的内容是在前两卷的基础上进行计算推理的，它的晦涩难懂是著作内容发展的必然。不管是在当时，还是在后来，很多有成就的数学家和科学家，尽管下了很大的功夫，但依然难以完全洞悉第三卷的命题。这样一来，也就难怪《自然哲学的数学原理》长期以来就以“深奥难懂”而著称。

《原理》的内容与成就

这部鸿篇巨制通常被简称为“原理”。它的宗旨在于从各种运动现象探究自然力，再用这些力说明各种自然现象。它用拉丁文写成，分为三个部分，写作风格非常规范严谨，非专业读者很难读懂。牛顿在这本书中花费了大量的精力对书中涉及的所有的专业术语进行了定义。书的前两部分奠定了现代科学的基础，他在书中提出了运动三大定律即“惯性定律”“力的定律”和“作用反作用定律”。第三部分主要探讨天文学的相关内容，并且把前两卷提出的命题和已知的天文现象联系起来进行论述。此外，这本书还详细地解释了物质、向心力、离心力、运动等重要概念。牛顿是经典力学理论的集大成者。他系统地总结了伽利略、开普勒和惠更斯等人的工作，得到了著名的万有引力定律和牛顿运动三定律。牛顿运动定律是牛顿提出的物理学三大运动定律的总称，被誉为是“经典物理学”的基础。

牛顿第一定律（惯性定律）：一切物体在不受任何外力的作用下，总保持匀速直线运动状态或静止状态，直到有外力迫使它改变这种状态为止。

牛顿第二定律：物体的加速度跟物体所受的合外力 F 成正比，跟物体的质量成反比，加速度的方向跟合外力的方向相同。

牛顿第三定律：两个物体之间的作用力和反作用力，在同一条直线上，大小相等，方向相反。

牛顿试图阐明行星运行的轨迹与原理，他认为重力正是联系全宇宙的神奇力量。牛顿时代以前的人们没有感觉到这样一个力的存在。在牛顿之前，“重力”这个词表示一种情绪——严肃、庄重，或者表示一种内在的性质：物体有重有轻，重的物体有下落的趋势，要落到它们所属于的地方。是牛顿“发明”了重力，使这个概念一直延续到现在的日常生活中，成为我们思考物质世界的“无意识”。牛顿的结论是：太阳和月亮都对潮汐施加了牵引力，它们合成的重力通过在地球相反的两侧各自形成了一个突起，而潮汐正是由于这对称的突起产生的。

牛顿建立了相对于人的感觉独立存在的时间，使人相信空间是独立于物质而存在着的。牛顿是这样来描述“绝对时间”和“绝对空间”的概念：

> 绝对的、真实的、数字化的时间保持着它特殊的性质，不存在任何的参照物而有规律地流逝着；相对的、表现的和通常的时间，是可感知和外在的对运动之延续的度量，它常常用来代替真实的时间，如一小时、一天、一个月或一年。
>
> 完全的空间概念，它真实的性质没有参照任何外界的事物而体现出来，时刻保持均一而不可移动的特性……

牛顿认为，时间、空间、运动这些概念是人所共知的，正是因为此，人们对这些概念的理解往往容易掺杂偏见和不正确的观念。牛顿的绝对时间观尽管在后来被爱因斯坦的相对论从物理学内部摧毁，但它依然反映了公众的一般时间心理。在这之后，特别是在那些科学家的理解和运用中，时间和空间拥有了自己特殊的含义。在以往，我们的眼睛只能识别相对的运动，比如航海员随着他的轮船前进，或者轮船在海洋中行进。对于空间而言，地球实际上也在运动，空间自身的不可移动性是因为它是纯粹数学性的，脱离我们的感官而存在。在对“时间”和“空间”的研究历史中，牛顿初步构建了宇宙的基本框架，开创了科学理念的新纪元。

怀特先生在《最后的炼金术士》中这样评价《原理》：

> “是全心地奉献、无可比拟的意志力、卓越的技术能力以及探讨炼金术之类神秘事物的自发精神，筑成了这本巨著。牛顿从坩埚的底部和天体的运行看到吸引力和排斥力，用跳跃般的想象力将这两种现象相连，确立了所有物体都能相互吸引的观念。对牛顿和其他所有人而言，《原理》即是传说中的长生不老药，是炼金术士的黄金，是令人

寻寻觅觅的点金石。”[1]

从这中间我们不难发现，牛顿的炼金术实验和他的《圣经》研究、物理学研究是一体的，这是牛顿的雄心所致，他要发现、揭示整个宇宙运行的内在奥秘。

《自然哲学的数学原理》第2版的序言中的一段话，强调了牛顿在“科学方法”上的独特性和对于后世科学研究的开拓意义：

他给了我们一个光辉的范例，因为在说明宇宙体系的时候，他轻而易举地用重力理论把宇宙体系推了出来。在他以前，人们已经设想到或想象到，重力存在于所有物体之中；然而他是唯一的，也是第一个哲学家能从现象中证明它们存在，从而使之成为他的最高超思辨的坚实基础。

当后世的科学家继承并享用牛顿的遗产时，除了他一系列的科学结论，更重要的是他进行科学研究的方法为后代的科学家提供了“一个光辉的范例”。可以说，牛顿的方法始于他生活的17世纪，经过三四个世纪的时间，在21世纪的今

---

①[英]迈克尔·怀特著，陈可岗译：《最后的炼金术士：牛顿传》，北京：中信出版社，2004年，第324页。

天，已经作为一种经典方法被广泛运用于科学研究和教学中。

《自然哲学的数学原理》所建立的物理学体系，直接拉开了“工业革命”的序幕，“它将人类从黑暗中、从对大自然的奇想中，拉往科技时代，拉向操控宇宙之力的时代。”从此，“物理学”脱身而出，成为一门精确的自然科学。

《自然哲学的数学原理》是第一次科学革命的集大成之作，它在物理学、数学和天文学等领域产生了巨大影响。它汇集了牛顿关于经典力学理论体系的所有研究成果。《原理》具有重要的转折意义，从此科学和哲学走上了两条不同的道路。牛顿把许多关于自然的问题都从纯粹哲学的领域转移到物理这个新的研究领域当中，由于完成了经典力学的体系，奠定了近代物理学的基础。

《原理》一书是人类关于自然知识的第一次大的综合，牛顿把伽利略关于“地上的”物体运动规律和开普勒关于“天上的”星体运动规律完美地统一在他的力学体系之中。牛顿以他所确立的三大运动定律和万有引力定律为主线，由他所明确的质量、动量、惯性、力、时间和空间等基本概念为基础，依据他所提出的四条推理法则为基本方法，运用他所发明的微积分为工具，巧妙地构造了完整的力学理论体系。牛顿力学成功地解释了天上的行星、卫星和彗星的运动，完满地解释了地上的潮汐以及一切物体的机械运动。它代表了 17 世纪自然科学发展的高峰。它对自然科学与哲学思想的发展的影响是巨大的。

第十三章
炼金实验

在光学、力学的多种实验之外，牛顿还花费了大量的精力用于炼金实验。尽管人们对炼金实验有各种消极负面的看法，但不得不承认，牛顿的炼金实验是他科学研究的一部分，并且为他的其他科学研究提供了重要的启示与方法。

炼金术传统

炼金术起源自古希腊时代，是一项古老的技术，它有深远的传统。其整个实验过程是为了寻找一种哲人石——它可以将普通金属变成真正的黄金。炼金术的最主要目标在于：将普通金属或其他物质变成金子。19 世纪之前，很多科学家都进行过炼金术的尝试，直到现代化学的出现，炼金术的传统才宣告终结。炼金术反映了中世纪的科学思想，它是化学的雏形。炼金思想认为，通过熬炼，可以将贱金属变成黄金。

牛顿生活在科学昌明之前的蒙昧时代，那是炼金术的全盛时期。从 12 世纪到 17 世纪，500 多年之间，欧洲一直是炼金术世界的中心。炼金术士的传统操作构成现代化学最基础的科学实验，那时，对实验进行系统观察是炼金术士的日常工作。炼金术的某些流程和设备后来成为现代化学的组成部分，例如使用溶剂、漏斗、玻璃及铜制容器和蒸馏管的蒸馏过程。

牛顿的炼金术实验

随着牛顿生前资料的公开，人们逐渐认识到，牛顿不仅是一个秘密的炼金术士，而且从他的知识和实验法的水平来讲，他几乎是当时欧洲最顶尖的炼金术士。

牛顿从事炼金实验，除了受到当时流行的炼金潮流的影响之外，与他的世界观、科学观以及他在科学上的雄心有更深的联系。对牛顿来说，自己“存在的理由”是要重新发现“自然的架构”。为完成这一工作，没有哪个途径不该去琢磨，没有哪块石头不该翻开来看看。探索炼金术，必定是因为炼金术里有什么东西让牛顿觉得有价值。在牛顿看来，没有什么东西刻意经过腐烂就变化而来，旧事物的腐烂产生了新的事物，所有的东西都是易腐败的，所有的东西都是可生成的。所以这个世界能够死亡、重生，不断地重复这个循环。他解释说：

> “这与自然界所有事物处于不断循环的过程这一点相符。所以这个地球像一个巨大的动物或植物，吸取天上的气息为它日常的生命恢复和至关重要的发酵。”

牛顿的炼金术试验体现了他的哲学观点，他认为自然是有生命的。在他的表述中有这样的话：

> “这两个水银是男性的精子和女性的卵子，稳定的又是可变的，是缠在墨丘利神的手杖上的毒蛇，是佛来蒙的龙。如果只有男性的精子或者女性的卵子，那么什么物质也不会产生，这两者必须被连在一起。”

从这一点来看，对于牛顿来说，炼金术过程中金属的变形意味着精神上的净化。是上帝把生命赋予物质，使它们有了各种构造和过程。

牛顿对炼金术产生兴趣，最早可追溯至其少年时期。在格兰瑟姆克拉克先生的药房，牛顿学到了一些制药技术。等到上大学的时候，为了治愈自己的病症，牛顿开始自己调制配方。他制成了一种叫作拉克特勒斯香脂的药，并时常服用。孩童时代的制药配方活动，对牛顿后来探索将不同物质混合的炼金术产生了影响。

同时代的许多伟大科学家如巴罗、波义耳和巴宾顿等人痴迷于炼金术的情形，不可避免地对牛顿产生了影响。再者，在近代科学诞生前，神秘的炼金术与正统的化学实验是相互交汇的。从事科学研究工作时，牛顿也无法真正地将二者区分开。当时作为牛顿对手兼朋友的科学家波义耳，极为沉迷炼金术，并且冒着风险发表文章和公开辩论。

1667 年，牛顿开始修习化学。在牛顿探索炼金术的过程中，波义耳起到了指导老师的作用。波义耳与牛顿既是朋友，又是竞争对手，同为皇家学会院士。波义耳比牛顿大 15 岁，牛顿承认这位资深的学者是其导师，牛顿在学术舞台上崭露头角时，波义耳已经是英国顶尖的科学家，两人的首次公开会面是 1675 年，一年后，他们的通信往来开始频繁。

在修习炼金术的过程里，牛顿经常与波义耳交流探讨。当波义耳在皇家学会的刊物上发表《与黄金同在时水银的增温反应》这篇有关炼金术的文章时，牛顿曾写信给皇家学会秘书奥尔登伯格，请求奥尔登伯格制止波义耳向社会公布他在炼金术上的发现。牛顿在信里提到：

> “它有可能产生一些高贵的东西，但就算如炼金术的作者所言含有一丝真理，即不会对世界造成极深的伤害，也不应该开诚布公……”

除此之外，牛顿还经常建议波义耳用假名来发表相关的文章，以免被大众识破真相。从这里我们可以看出，虽然牛顿正在研究炼金术，但他并不愿意正大光明地进行相关工作。为了维护自己辛苦奋斗来的名誉和地位，牛顿必须以秘密的方式来进行实验。

由此可见，牛顿对待炼金实验的态度比较暧昧。他一方面非常投入，另一方面又是秘密进行的。这与那个时代的被痛斥的“炼金术士”的神秘化的迷信言论有关，牛顿这样做，在自我保护的同时，其实是想赋予炼金实验以科学的品质，与那些炼金术士区别开来。

牛顿所进行的炼金术试验，比较接近现代科学。他经过认真的钻研，方法精确缜密，对炼金术的表述条理清晰。牛顿大量地阅读有关炼金术的著作，并且从不同的炼金术手稿文献中摘抄了大量的笔记，他还自己编制了一个秘密的化学表，这是一个100多页的手稿，是几个世纪以来5000篇炼金术文章的阅读笔记。但这份化学表以及牛顿在炼金术方面的其他笔记都被小心地藏起来，直到他去世后很多年才公之于众。

从1669年起，牛顿接连几次去伦敦购买实验材料和设备，并与一些炼金术士和特殊的书商接触。在实验所需要的东西完备后，牛顿开始日夜守在实验室的炉火前，一遍遍做着实验和详细记录。他总是认真地记录试验过程，提供准确的实验数据。牛顿关于炼金术的研究，后来形成了《实践》一书，该书于17世纪90年代出版，是有关炼金术的重要作品。

牛顿一边大量阅读炼金术的相关资料，一边进行疯狂的实验。实际上在其科学生涯的大部分时间，牛顿都非常执着于炼金术活动，但这几乎都是在私下进行的。

在17世纪70年代到80年代初的这段时间，牛顿孜孜不倦地进行了一系列炼金术实验。他全身心地投入到实验中，他的助手汉弗莱这样回忆：

“他很少睡觉，特别是在春天和秋天，他常常在实验室一待就是6个星期，无论昼夜，灯光总是亮着。有一次，我在做另一个实验，他整夜未眠，直到完成他的化学实验。在实验中，他极为精确、严格、一丝不苟。他的目的是什么，我猜不透，在那段固定的时间，他的刻苦与勤奋，让我觉得，他所追求的东西已经超越了人类的技术和工业范畴。”

牛顿鲜明地表达过自己对炼金术的感受：“炼金术并非如无知的民众所以为的，只是买卖金属而已，那种错误的想法对此高贵的科学是侮辱……而是为了教化和造福人类。”在最初的炼金实验里，牛顿并非一帆风顺。一开始，牛顿是按照前人的经验和套路进行相应的操作。他先是试验如何让金属性质改变。水银作为炼金术士心中的宇宙第一物质，被称作“哲学家的使者”，它可以让金属转化性质。因而牛顿起先的实验就是试图制造出水银。根据波义耳的方法，牛顿将普通的水银溶解在硝酸里，然后加入铅屑，但得出来的银白色固体和原来加进去的水银相同。在第一次失败后，牛顿继续把不同的金属加入含水银的硝酸溶液，然而每一次都只得到普通的水银，“哲学家的使者”并没出现过。

虽然在开始阶段遇到了一系列挫折，但牛顿并未气馁。接下来的研究中，牛顿用锑元素代替先前的金属。在1670年底，牛顿成功制得了一种神秘的东西——轩辕十四锑。尽管轩辕十四锑可能并不是能将金属转变性质的水银，可牛顿却对这个成就欣喜异常。

与同时代其他的炼金术士或做实验的化学家不同，牛顿总是在刻意追求精确。他将物质的重量的精确度提升到一个谷粒的四分之一，将时间精确到一个小时的八分之一。更有甚者，牛顿总是亲自去触摸、嗅闻和品尝实验中显露出来的黏液或其他液体。

炼金术与科学研究

虽然炼金术本身是神秘色彩笼罩下的江湖术

士行为，但其操作过程中的方法理论、现象研究都与正统的科学有着不可忽视的联系。炼金术里的“发气原理”，促成了牛顿想到物体间能有超距作用，而这是万有引力理论中的关键一环。“轩辕十四锑”也为牛顿打开地球引力之门助力，这些都与炼金术的研究和体会有关。

牛顿一生中创造出许多令世人惊叹的成就。即便今天，他的理论成果也影响着现代科学的发展演进。然而，在探索真理的道路上，没有人能够一直沿着正确的道路前进。牛顿作为科学的解惑者、探索者、科学天才，思想中具有无可争辩的理性光辉，但同时他也深受当时各种“非理性”思想与知识潮流的影响。

在长期的炼金术实验和研究中，牛顿获得了关键性的科学启示，以此为突破口，牛顿发现了足以改变世界的科学成就。炼金术对于牛顿来说，并不是“巫术”，他对炼金术的研习与实验，既与当时流行的科学风尚有关，更与他的科学研究有着密切的联系。在这个意义上，牛顿的炼金术实验是他科学研究的一部分，牛顿从这项“古老而神秘的技艺”中提炼出了现代科学的关键方法。

正如迈克尔·怀特所说："如果我们以 20 世纪末、21 世纪初的冷静明智态度来审视炼金术，我们应该承认它带给了这个世界一些有用的技术与器具……最重要的是它至少激起一位伟大的 17 世纪哲学家的灵感，使他产生了一系列构思，单凭这一点我们就应该心满意足了。"① 在牛顿进行科学研究的过程中，炼金术方面的某些心得确实启发了牛顿。

在剑桥的那些岁月里，牛顿不仅进行着他的光学实验和力学计算，他还同时进行着炼金实验。在牛顿的心中，所有的实验都有一个共同的目的，那就是洞悉整个宇宙的奥秘。牛顿没有办法完全超脱出自己的时代，但他将炼金实验作为一种科学的研究与试验，并从其中提炼出了指示现代科学的重要原理与方法。

---

①[英]迈克尔·怀特著，陈可岗译：《最后的炼金术士：牛顿传》，北京：中信出版社，2004 年，第 112 页。

第十四章 政治生涯

牛顿生活在 17 世纪到 18 世纪政治斗争异常激烈的英国，一个偶然的机会，在维护剑桥大学权益的事件中展露了自己的政治才华。在这之后，他逐渐进入伦敦的政治圈，开始了他后半生的政治生涯。他先后两次担任国会议员，在英国皇家铸币厂担任领导职务，同时自 1703 年起担任皇家学会会长直到逝世。

迈向伦敦

1687 年，牛顿的《自然哲学的科学原理》出版之后，他渐渐成为一个公众人物。哈雷将此书推荐给当时的国王詹姆斯二世，并对国王说："如果有一本书是值得王子一看的，那么一定要把这本包含了如此多的对自然世界的伟大发现的巨著敬献给国王陛下。”国王欣然接受，这为牛顿走向政治生涯开了个好头，尽管牛顿后来还是与詹姆斯二世成为对立者。

当时学校有浓郁的新教氛围，但国王却要将他的权威施加在这里。这引发了一系列的矛盾冲突。

在詹姆斯二世统治的时期，剑桥大学发生了一系列的制度变革。围绕着授予学位的程序和标准问题，国王和校方出现了意见上的不一致。剑桥大学的官员对此表示强烈的反对，身为卢卡斯讲座教授的牛顿这时已经具有一定的影响力。他站了出来，力主学校官员通过法律来保障学校授予学位的正常程序。在这次斗争中，牛顿表现出坚定的立场，充满斗争的决心和智慧。作为学校合法权益的守护者，他在政治斗争方面的才华有目共睹。

对于牛顿而言，这次事件具有深远的意义，他不只从中尝到负起公共事务职责的滋味，也使学校当局从此注意到他，看到他一向深藏不露的善辩能力和在坚定信仰之下表现出的领导能力。牛顿敏锐地认识到，这时剑桥的危机其实是整个国家危机的一种缩影。他强烈地感觉到，新教派虽然惹了麻烦，但它毕竟代表着法律和自由，而詹姆斯二世所极力维护的天主教会则意味着专制和奴役。1688 年，詹姆斯二世被迫逃往法国，威廉三世组建的新议会正式召开。

这一年，牛顿被剑桥大学的参议院推选为学校的议会代表。从此以后，牛顿的人生轨迹发生了重大转折，他生活和工作的重心渐渐偏离科学研究，而开始了从政生涯。

1689 年，是牛顿人生道路发生重大转折的一年。《自然哲学的数学原理》的内容在很多的公众场合得到了讨论与传播，并且迅速地传到英国以外的地方。牛顿在伦敦的下议院附近租了一个房间，正式开始了他在伦敦的生活。这一时期，他已经开始格外注意自己的衣着与形象。他通常穿着整齐的学袍，将他的白头发梳理得整整齐齐，自然地垂落到肩膀上，他还让当时伦敦最受欢迎的肖像画师为自己画像。

牛顿经常出席皇家学会的各种聚会，在这里经常遇到在伦敦居住的荷兰科学家惠更斯，皇家学会当时的主席佩皮斯，年轻的瑞士数学家法迪欧和哲学家洛克，这些人对牛顿都非常的友善。他逐渐进入伦敦的上流社会，以剑桥大学政治代表的身份住在伦敦，使他与当时知识圈的接触更加广泛，在这些人中，英国哲学家约翰·洛克是关键人物，是他引领牛顿进入了伦敦的社交圈。

约翰·洛克（1632—1704）比牛顿大10岁，是牛津大学的毕业生。他们的第一次碰面是在1689年，立刻发现彼此在理念上非常接近，有相见恨晚的感觉。尽管牛顿和洛克相识较晚，但他们一直保持了很好的关系。洛克先生也成为牛顿最好的朋友之一。

洛克阅读了牛顿的《自然哲学的数学原理》之后，专门写了一篇书评，以不具名的方式刊登在1688年3月出版的《世界图书馆》杂志上，对其赞誉有加。一直到1704年去世，洛克从未中断与牛顿就广泛的问题交换意见，他们之间建立起来的友谊使牛顿毕生受益。过去从来没有人在这许多方面都能与牛顿契合。巴罗、巴宾顿、摩尔给予牛顿父亲的形象，并在事业上提携牛顿；蒙塔古是他有力的支持者，但是并没有分享一些最珍贵的信仰；波义耳、哈雷、奥尔登伯格、雷恩是科学上的同志，说不上是志同道合的朋友；然而，洛克所担任的角色是科学界与政界之间的桥梁，他不仅是牛顿知识上的伙伴，还帮助牛顿打开前途。这两位大师被后世合称为“理性时代”

的两根支柱。他们的交往密切，牛顿对这位长者完全放开，甚至向他透露自己的极端宗教观和研习炼金术的秘密。

青年学者法迪欧的出现，是牛顿繁重枯燥生活中的一抹亮色。法迪欧曾担任荷兰学者惠更斯的访问英国时的陪同人员，1689 年 6 月，牛顿与惠更斯在皇家学会的第一次会面，法迪欧获得了认识牛顿的机会。作为牛顿的学生和知己，法迪欧颇受到牛顿的青睐。法迪欧后来成为牛顿的狂热追随者，还承担了《自然哲学的数学原理》修订版的修订工作。牛顿与法迪欧的相处时间有 4 年左右，法迪欧于 1693 年因为母亲去世而离开英国，牛顿再三劝他留下来并搬到他的住所来，但他们之间的关系还是破裂了。在这之后，牛顿经历了一次严重的精神危机。法迪欧的离开，打乱了他 4 年来已经习惯的生活，是导致牛顿精神危机的“导火索”。

精神危机

1693 年，牛顿陷入了精神危机，精神几近崩溃。这一年被称为牛顿的“黑暗”年。这一年，他经常往返于剑桥镇的沼泽地和日渐繁荣的伦敦市之间。在剑桥大学，虽然他的职务依然保留着，但他已经很少上课并主持讲座了。他患有严重的神经衰弱，经常夜不能寐、食欲不振，越来越激动，即使很小的事情他也会大发脾气，慢慢地他开始精神紊乱，时而明白时而糊涂，言行非常怪异，抑郁和迫害妄想严重地折磨他。

从他这一时期写给一些朋友的信中可以看出这一症状。牛顿给他的朋友佩皮斯的信中已经印证了这一点：

> 因为我对自己陷入的扰乱极度费心，而且在这 12 个月中我吃不下饭，睡不好觉，头脑也不像从前那样敏捷了。我从未想过要利用你们的影响，或者是詹姆士陛下的宠爱，去达到某种目的。但是我对我们之间的来往十分敏感，我觉得自己必须离开你们，不再见你们或者其他朋友。

这封信在总体上还是比较清晰的，它表明牛顿在这时尚且没有出现较为严重的精神问题，但后来牛顿给洛克的信中，他的神经已经高度紧张：

> 我相信是您让我卷入了女人的纠纷，这对我产生了极大的影响。当有人告诉我您生

病了，而且很可能不久于人世的时候，我回答说我宁可您已经死了。我还说过或者想象过您设计卖给我一个公职，让我卷入丑闻。我希望您能原谅我的想法和说过的话。

佩皮斯在给另外一个朋友的信中写道："我不情愿地告诉你，牛顿的情况可能发生在任何人身上。我对他的情况一点也不感到恐惧，而且感到非常悲伤。"从牛顿自身的人生逻辑来看，这一次的危机几乎是不可避免的，这正是牛顿人生经历的独特之处。牛顿长时间将自己封闭在实验室中，现在，伦敦热闹的都市让他无所适从。他那些被禁锢的情绪与想法被释放出来，导致了暂时性的情绪失控。

在牛顿的生命过程中，他有一个时期产生幻觉，误认为自己的朋友约翰·洛克有意为他牵线搭桥，以促成他与女性发生性关系。他在那一时期写给洛克的一封信中表示，他对于与女性发生生理接触的想法感到恐惧，牛顿在两性关系问题上持一种非常偏激的态度。在那时的科学社团和俱乐部中，似乎存在着一种普遍的共识，那就是女性的存在是对科学的亵渎。从这一方面来说，牛顿之所以如此伟大，部分原因在于他的一生几乎奇迹般摆脱了一切世俗人际关系的束缚。

牛顿的这次精神危机是他长期辛苦写作劳累所致，所幸经过几个月的治疗和调养，牛顿逐渐恢复了健康。这时，《自然哲学的数学原理》使他收获了非常高的学术声誉，他由此产生了一种自我怀疑，自己是否已经到达事业的巅峰，还能否继续超越自己？那些困扰自己的、尚未思考清楚的科学问题一直在困扰他。牛顿的这次精神危机，还有另外两个重要原因。一是他与年轻的法迪欧的友谊的终结。二是，牛顿的健康问题导致了他的精神问题，而健康问题与化学物质有关。20 世纪 70 年代，科学家曾经对遗留于世的牛顿的一撮头发进行检测，结果显示其中存在高浓度的铅和水银，这很可能是他长期进行炼金术的实验导致的。水银在人的身体里长期聚积，会导致神经上的损伤，导致痉挛、失眠，甚至是妄想症。

掌控皇家造币厂

这次危机之后，牛顿进入政界，出任英国皇家铸币厂的督办。1696 年，牛顿永远放弃了他在剑桥大学的隐居生活。他内心中为英国王室效力的雄心终于得到了实现。在长达 35 年的时间里，牛顿一直以剑桥大学三一学院为家。但是现在，他毅然决然地离开了这个地方。他现在所有的时间和心思都被国王的生意占满了，他从此开始负责英国的皇家铸币厂。

牛顿得以出任这一职务，得益于他三一学院的昔日同事蒙塔古。蒙塔古曾于 1678 年以自费研究生的资格进入剑桥大学读书，他当时就认识牛顿，到了 17 世纪 90 年代末，他们成为很好的朋友，此时的蒙塔古担任英国财政大臣，又是威廉国王的亲信，堪称一颗冉冉升起的政治明星。蒙塔古这时决定推行一项激进的计划：重新炼铸所有的货币，使旧币全部退出流通领域。这时的牛顿正在积极地谋取职位，蒙塔古向国王推荐牛顿，1696 年，牛顿被任命为皇家铸币厂的督办。1696 年 3 月，蒙塔古在给牛顿的信中谈到了希望他出任铸币厂督办的情况：

先生：

我非常高兴，因为我终于能向您证明我的友谊以及国王对您的功绩的赏识。造币厂督办弗顿先生被任命为海关监督，国王已应允我任命牛顿先生为造币督办。这个职位对您最合适，年薪为五六百英镑，而事情不多，花销不大……

皇家造币厂在当时负责生产全国流通的所有硬币，造币厂的生产区就在伦敦塔，牛顿作为造币厂的负责人，可以自由地选择在塔内办公和食宿。当时的造币厂大约有 500 名员工，拥有自行压制硬币所需要的机械装置。牛顿作为造币厂的督办，实际上是仅次于总监的二把手。

牛顿的前任和现任总监认为自己的职位都是闲差，所以并没有认真地经营，造币厂的经营状况并不理想，甚至影响了当时的英国经济。

作为造币厂的督办，牛顿上任之后面临着很多挑战。总监本来应该是很重要且受人尊敬的职位，但是直到牛顿担任总监之前，这其实是一个仅次于总监的职位，他的任务是监督造币厂日常运营的每一个细节。英国当时需要雄厚的财政储备来作为他们对法国进行军事行动的基础。另外，因为新币比旧币更重并且其中银所占的成分更高，所以有些不法分子往往会将新币熔化后出售谋取利益，抑或将真币剪边之后与铜混合制造成伪币进行流通。

在牛顿就任之前，英国的财政部已经认识到，重铸新币是拯救国家经济的关键一步。英国的市场和银行的凌乱状况已经到了生死存亡的关头，币制的信用已经完全破坏，市场崩溃，工商业不再以文明的方式进行，商店无法信赖顾客的现金，又要补偿受到伪币的损失，所有这一切使得物价飞涨。工人每周拿到的工资尽是些假币，暴乱几乎每天都发生。对于蒙塔古和英国官方来说，他们一开始对于牛顿并没有太大的信心。但牛顿就是这样一位在任何工作上都能以同样的技巧和智慧力挽狂澜的人。牛顿在这个职位上做出了突出的贡献，蒙塔古后来不得不承认，在重铸新币的成就中，牛顿有不可磨灭的功劳，而重铸新币是经济改革的重要基石。

牛顿上任后着手改变这一现状，通过提高工作效率、规范制度等，使铸币厂的面貌焕然一新，并积极地影响了英国经济的好转和社会的稳定。他勤奋甚至有些残暴地经营铸币厂，直到他去世。他是铸币厂炉工、化验员以及冶炼工的主管者，是这些人使金银的价值翻倍，牛顿对这一工作的投入以及取得的成就，在某种意义上正是他的炼金术梦想的转化与实现。牛顿大胆进行革新，他主要做了两个方面的工作。

第一，重铸货币大行动。这一举措将生产非

常标准的、周边带有可见条纹的新币，并且采用当时最先进的滚轧机进行制造。牛顿全力投入到铸造新币的工作上，在伦敦周围的几个地方设置临时分厂，生产了大量的银币。在最初的几个星期中，每天早上 4 点钟，当轧制机开始启动时，牛顿就在厂房了，夜班开工前他又赶回来监督；有一阵子他干脆住在工厂旁边为他准备的宿舍里。后来，牛顿难以忍受这里的嘈杂环境，就将这个宿舍出租出去，自己在较为繁华的威斯敏斯特郊区杰明街买了一户小住宅。在监管铸币的过程中，牛顿非常注重提高工作的效率，他仔细观察铸造过程中的每一个步骤，制定工作系统的时间动作分析表，找出在何处以何种办法可以对其加以改造。

第二，作为厂长，牛顿还负责检举剪钱犯和伪币制造者。牛顿非常认真地追查这些犯罪者，甚至使用的手段都很奇怪。他广泛研究了剪钱与伪币制造的技术，研究了这一技术的历史，出钱从告密者那里获得消息，寄钱给善良的证人，以便让他们体面地出庭作证。虽然一些被牛顿投入监狱的犯人扬言要枪杀牛顿，但他对这些犯人没有丝毫的手软。其中有一个犯人查罗纳因为罪行恶劣被判处死刑，在被送上绞刑架的前几天，他恳求牛顿对他大发慈悲，但牛顿对此充耳不闻。在牛顿的铁腕打击下，剪钱和伪币制造的行为大幅减少，因这项罪名被判处死刑的人也越来越少。

由于牛顿出色的政绩，到了1698年，他实际上已经独揽了皇家造币厂的大权。就在来到造币厂之后的几个星期内，牛顿已经成为这个机构中举足轻重的人物。自此，牛顿获得了更大的权力，他有更大的自由来实践自己的想法。牛顿在任时期充分展示了他的数学天赋，他经过周密的计算，把英格兰货币的标准化程度提到了一个新的高度，使之更加精确。1702年，为了准备安妮女王的加冕典礼，牛顿特意生产了金质和银质纪念章，为此他先后两次向财政部要求拨款，并向财政部提交异常精确的账单。

《光学》出版

1699年，牛顿当选为法国科学院8位外国院士之一。1701年，牛顿当选为国会议员，他辞去卢卡斯讲座教授的职位，并指定惠斯顿接替这一职位。1705年再次竞选国会议员时，却以失败告终。1705 年，英国女王安娜敕封牛顿勋爵称号，牛顿成为真正意义上的贵族。牛顿的爵位授予仪式在剑桥大学隆重举行，安娜女王亲临剑桥，仪式结束后还举行了盛大的宴会，牛顿是英国历史上第一位获得如此殊荣的科学家。自此之后，人们尊敬地称呼牛顿为“艾萨克·牛顿”爵士。牛顿从一个出生农家的平民子弟，通过自己不懈的努力登上了如此显赫的位置，得到了国家的最高奖励和人民的尊敬。

此时的牛顿非常富有，被普遍认为是那个时代最伟大的科学家。从 1700 年起，他的生活渐渐富裕起来。从他上任的头几个月起，他就向财政部抱怨他的薪酬太低，但他成为铸币厂的主管之后，他不仅可以拿到 500 英镑的薪水，而且还可以从制造出的每一枚硬币中提成百分之一，这些零头加起来绝不是个小数目。

这时，牛顿在伦敦的杰米大街买了一栋房子，购买了非常奢华的家具，并雇用了仆人，他还邀请了 21 岁的外甥女凯瑟琳·巴顿（他同母异父的妹妹的女儿）和他住在一起，同时帮他照看房子。凯瑟琳·巴顿年轻漂亮，魅力出众，在伦敦的上流社会日渐出名，蒙塔古第一次见到凯瑟琳·巴顿就被她的美貌所倾倒。凯瑟琳·巴顿的到来，为牛顿的单调生活平添了很多生机。

总之，来到伦敦之后，牛顿的个人世界不断扩张，他逐渐远离了僧侣般的剑桥学术生活，活跃于伦敦的社交圈，他在不到10年的时间里成功转型，全心投入新的生活，并且取出封尘已久的《光学》加以重新整理，使他得到了更高的尊敬和声誉。

1677年，牛顿就考虑过将自己在光学和数学上的研究成果一起发表，这其中还包括他任卢卡斯讲座教授时的光学讲义，以及他多年来陆续在《哲学会刊》上发表的学术通信。1677年3月，牛顿请一位年轻的艺术家为他刻了一幅画像，准备作为他著作的卷首插图。但不幸的是，有一天牛顿的房间发生了火灾，他的很多手稿被烧毁，原来计划的出版工作泡汤。此后，这些学术成果一直被搁置，直到1703年，牛顿觉得出版《光学》的时机已经成熟，于是他积极地准备出版。

《光学》于1704年出版，副标题是“关于光的反射、折射、弯曲和颜色的论文”，其中大部分内容是在牛顿移居伦敦以前很早就完成的研究，还包括他在剑桥大学时期的光学讲义，其中记录了1664—1668年之间的光学研究成果。还包括1672年发表的重要论文《关于光和颜色的理论》以及《自然哲学的数学原理》完成以后所写的与光学问题的意见和信件。由于胡克在1672年对《关于光和颜色的理论》大肆攻击，使得牛顿对此题目保持缄默，直到胡克去世，牛顿担任皇家学会主席，他才有机会将自己的这本巨著出版发行。

在1717年出版的《光学》第2版中，增加了一些重要的附录，他在附录中列出了他关于光学问题的新思考——31条“疑问”问题目录。《光学》出版于1704年，记述了他在光学方面的创造性的活动与卓绝的贡献。《光学》于1717年、1721年、1730年、1931年连续再版。

1931年，牛顿的巨著《光学》第4版重印时，著名科学家爱因斯坦为其写了序言，其中有这样的感叹：

> “谁要是有闲暇和宁静来读这本书，就会重新生活于伟大的牛顿在他的青年时代所经历的那些奇妙的事件当中。对于他，自然界是一本打开的书，一本他读起来毫不费力的书。他用来使经验材料变得有秩序的概

念，仿佛是从经验本身，从他那些像摆弄玩具似的而又亲切地加以详尽描述的美丽的实验中，自动地涌溢出来一样。他把实验家、理论家、工匠和——并不是最不重要的——讲解能手兼于一身。他在我们面前显得很坚强，有信心，而又孤独；他的创造的乐趣和细致精密都显现在每一个词句和每一幅图之中。反射、折射，透镜成像，眼睛作用的方式，光的分解为各种颜色以及各种不同颜色的光的再合成，反射式望远镜的发明，颜色理论的最初基础，霓虹的初步理论，都历历在目，而最后出现的，是作为下一步理论巨大进展起源的他对于薄膜颜色的观察，这一步要等一百多年以后由于托马斯扬的到来才得以实现。

牛顿的时代早已被淡忘了，他那一代人的充满着疑虑的努力和痛苦遭遇已经从我们的视野中消失；很少一些伟大的思想家和艺术家的作品留了下来，这给我们以及我们的后代带来了欢欣和高尚的情操。牛顿的各种发现已进入了公认的知识宝库；尽管如此，他的光学著作的这个新版本，还是应当受到我们怀着衷心感激的心情去欢迎，因为只有这本书，才能使我们有幸看到这位无比人物本人的活动。”

爱因斯坦饱含激情的语言既充满了对牛顿的崇敬，又满含对牛顿所处的“科学的童年”的羡慕。爱因斯坦和牛顿这两位影响人类进程的物理学家之间的影响与传承，在某种意义上反映了“科学”的真正魅力，科学可以穿透时间，以理性与科学之光照射在我们的生活中，给我们带来思想的启迪和方法的启示。

第十五章
《圣经》研究

牛顿是现代科学的奠基者，他用自己的科学理论建构了一个理性的现代世界。但牛顿生活的时代，毕竟处于现代科学建立的起始阶段，在当时的科学研究中，尚且不能摆脱那些“非理性”的思想和方法。在对自然世界的探索与求知过程中，牛顿始终受到《圣经》中某些思想的影响。他认为，自然世界和古代文献共同组成了巨大的谜团。要想将这个谜团解开，就必须对古代文献进行认真解读，从文献中解读上帝留在人世间的神秘线索。由于当时的科学认知水平还比较有限，即便是牛顿这样伟大的科学家，脑海中依然残留某些带有神秘倾向的学说与思想。

解读“圣经密码”

牛顿在三一学院读书的时候，神学是核心课

程之一，对《圣经》的学习是重中之重。读大学时，牛顿深受他的老师、哲学家摩尔的影响。摩尔认为，“神学”和“机械哲学”是紧密结合的，人们对这个世界的研究，要把这二者紧密联系在一起。

在这一内在思想的指引下，牛顿对《圣经》有强烈的兴趣，他试图对《圣经》进行解码，希望从中发现整个世界运行的内在秘密。牛顿对《圣经》的研究，关注的重点是其中的预言，特别是《新约》中的《启示录》。尤其是在晚年，牛顿将神学研究作为自己探究自然奥秘的一种基本途径，他将更多的精力用于阅读《圣经》，研究《圣经》中的年代和预言，对其中的数字进行繁复的计算，希望探寻自然界中的魔术，聆听上帝的预言。

在特定的时代氛围中，“科学研究”和“神学研究”是牛顿探索世界奥秘的两翼，它们之间有非常密切的内在联系。经济学家凯恩斯曾这样说：

“这个标新立异的人，被撒旦所惑，自以为用他超凡的智力，一定可以找到解读上帝与大自然的全部密码，他简直就是哥白尼

和浮士德这二者的合一。”

哥白尼代表着向科学的不懈探索而不惜献出生命，“浮士德”是德国诗人歌德《浮士德》中的主人公，他象征着不断向上帝的灵魂皈依，以生命来取得与上帝精神的一致。

牛顿的宗教信仰与他的科学研究，在内在目的上是一致的，都是源自内心对知识的渴求。

在牛顿的后期研究中，对“圣经密码”的运算与解读是他最为重要的工作。牛顿在皇家铸币厂工作的那些年里，从未停止过对神学和古代历史的研究，这项研究成为晚年牛顿的日常作业。他没完没了地修改日期计法，重新清理对于《圣经》预言的理解。

在牛顿看来，生命是尚待了解的谜，是等候被解读的密码，这是探索自然奥秘的人应负的职责。神既是自然和所有知识的一部分，也是历史、现在和将来。牛顿深信探寻历史的真相是他义不容辞的责任。牛顿沉迷于解读《圣经》中的预言，就像要解读光、数学和万有引力一样，这是他的职责与义务所在。他认为，这些预言具有重要的象征意义，在解读这些预言的同时，还要将其应用于具体的事件上。

牛顿对基督教的理论进行了深入的研究，他一次次研究教堂的历史，逐字逐句地阅读《圣经》的经文，沉溺在对预言的迷恋中，将《圣经》看成是有待拆解的复杂的象征符号。在他看来，他在内心信仰上帝，但不是作为一种义务，这种信仰源自他对自然理解的扭曲和无助。牛顿相信上帝是永恒的、无限的，它充满活力和力量，掌管世间的万物。他深信上帝是永恒不变的，这种信仰与他对绝对空间的没有完全成型的认知融合在一起。在牛顿的心中，上帝建立了宇宙运行的规则，这是一项人类必须要努力去理解的工作，这是他试图探求科学与信仰相结合的途径。

“第一推动”

晚年的牛顿致力于对神学的研究，他虔诚地相信上帝，埋头于写以神学为题材的著作。当他遇到难以解释的天体运动时，提出了“神的第一推动力”的学说。他说：“上帝统治万物，我们是他的仆人而敬畏他、崇拜他。”在牛顿的脑海中，神学与物理学之间是没有鸿沟的。

牛顿有一套独特的科学观与神学观，恩格斯

有较为恰当的概括，他形象生动地进行了描述：

“牛顿还让上帝来做‘第一推动’，但是禁止他进一步干涉自己的太阳系……这和旧的上帝——天和地的创造者、万物的主宰，没有他就一根头发都不能从头上落下来——相距不知有多远！”

在最后的岁月里，牛顿花费了大量的时间专心研究年表。在牛顿之前的几个世纪中，新教和天主教都非常重视确定古代历史事件的时间以及依据神话来协调不同民族的历史。牛顿在对年表的广泛研究中显示了他广博的知识储备，他采用非常新颖的基于日食与月食的证据，采取了一种极端的论点：历史上诸位国王统治的平均期限是18年到28年。他甚至确立了自己的终极信仰：上帝和物质世界直接接触，却不玷污他的双手，而能够掌控他所创造的万物。基督是宇宙中所有作用的媒介，通过这个媒介以维持宇宙体系；基督是上帝的总司令，是上帝派遣的总督。

牛顿的神学研究虽然不如他在科学上的成就那样广为人知，但牛顿一直将之视为生活的主轴，《圣经》对他的行为始终起支配作用。在科学研究的终止处，神学起航。这正是牛顿企图借助于神学来解释万有引力的根本原因，他是要建立一个理想化的模型，这种模型是充满浓厚的宗教色彩的，提倡“耶稣”万能的学说：耶稣是第一个被创造的，同时也是这个物质宇宙的创造者，他提供了能够使宇宙万物不断进行机械运动的各种工具，让万物之间的“力”作为一种弥散性的介质，使世间万物在看不见、摸不到、测量不到的情况下产生作用。

牛顿的神学研究与他的科学观有内在的联系。他心中怀有这样一种使命，相信自己正在做上帝做的事。他在一个手稿中写道：“就像世界通过光的诞生从黑暗的混沌中被创造出来一样，我们的工作是展示出黑暗的混沌世界被打破时的样子和它的第一物质。”正是因此，牛顿的科学研究始终与上帝保持了一种神秘的联系。

恩格斯对牛顿的理解是较为客观的，他由此指出了我们评价、认识历史人物的一般根据：

“从历史的观点来看，这件事也许有某种意义：我们只能在我们时代的条件下进行认识，而且这些条件达到什么程度，我们便

认识到什么程度。”①

由此观之，对于牛顿的“第一推动”的观点，我们在认识到牛顿的历史局限之外，还是应该科学地、客观地对牛顿的科学贡献进行评价。

从今天的科学眼光来看，这种观念显然是充满神秘主义的，非科学化的。这就是牛顿，他虽然创造了前所未有的科学成就，但依然难以完全脱离他生活的时代，以及那个时代的宗教观念。当我们今天对其进行审视的时候，只有将他的科学成就和他的神学信仰联系在一起，才能认识一个真实的牛顿。

①［英］迈克尔·怀特著，陈可岗译：《最后的炼金术士：牛顿传》，北京：中信出版社，2004年，第185页。

第十六章 学术论争

每个科学家学术上的观点不尽相同，学术论争也就在所难免。良性的学术论争有利于科学的发展，因为真理是越辩越明的。牛顿在一生中与其他科学家展开过多次学术争论，晚年的牛顿卷入了更加激烈和旷日持久的学术争论。在任皇家学会主席期间，牛顿与德国科学家莱布尼兹关于微积分优先权的争论，与天文学家弗拉姆斯蒂德关于星象资料的争论，是他晚年生活的重要事件。晚年的论争，有的时候已经溢出纯粹的学术论争，而卷入了名利之争。

微积分的发明权

莱布尼兹（1646—1716）是 17 世纪德国著名的哲学家、数学家。莱布尼兹在年轻的时候就表现出不同寻常的天赋。他 15 岁进入莱比锡大学学习法律，不满 20 岁就通过了博士资格认定。但根据学校规定，因为他年龄太小，学校不能授予他博士学位。他于是转入纽伦堡大学，并于 1666 年获得博士学位。和牛顿一样，莱布尼兹对科学有强烈的兴趣，在大学读书期间，大部分时间是在进行自己的科学研究。

莱布尼兹是那个时代罕见的科学天才，后世很多人认为莱布尼兹完全可以和牛顿比肩。有人说，“他们两人是欧洲最了不起的天才，不只是在那个年代，甚至包括历史长河中的各个时代”。由于莱布尼兹的科学研究范围非常广泛，有人称他为“历史中最伟大的通才之一”。

莱布尼兹和牛顿各自独立地创造了微积分，从时间上看，牛顿产生流数思想和表示法是在 1665 年 5 月，而莱布尼兹则是在 1674—1676 年之间才形成微分的思想和表示方法。虽然牛顿更早发明的微积分，但在该方法的公开发表时间上，由于牛顿过于谨慎，迟迟不肯拿出来发表，倒是莱布尼兹先于牛顿发表了微积分的研究成果，这是造成这场旷日持久的争论的重要原因之一。

笛卡尔所建立的坐标几何学为牛顿的科学研究提供了重要的工具，他很快就学会了利用坐标来定义各种圆锥曲线的方程式。他设计出了一种计算曲线斜率的精确方法，这就是后来的微分。他还用方程式计算曲线下面的面积，这就是积分。微分和积分结合在一起，就是今天的高等数学最基本的知识——微积分，它是数学家和科学家最依赖的计算工具。

但牛顿并没有对外公布这一成果，仅限于几个熟悉的朋友知道。牛顿最早对微积分的研究几乎和万有引力定律的发现同时，都开始于伦敦大瘟疫而在家避难期间。他最早在 1665 年的笔记本中使用了自己确定的术语和记号来叙述和解决问题。只不过，牛顿并没有第一时间公布他的这一成果，直到 1676 年，牛顿在给莱布尼兹的信中，才第一次公开宣布这一重大发现。

1673 年，莱布尼兹第一次游历伦敦时，被推荐为皇家学会院士。在这之后，莱布尼兹从伦敦返回，并没有从事实际的工作，而是选择进行独自研究。在 1674—1676 年的时间里，莱布尼兹疯狂而投入地进行着自己的科学与数学研究。他发现了无穷级数的运算技巧，这是微积分的核心内容，凭借这一点，莱布尼兹创建了高等数学的革新领域。

在莱布尼兹独自研究的日子里，他与英国的柯林斯保持了密切的通信往来。柯林斯很喜欢这位年轻的科学家，给予他很大的鼓励，并且经常寄给他一些在皇家学会内部流传的包含最新科学观点和思想的资料。大概在这一时期，柯林斯发现莱布尼兹已经接近了微积分，他和奥尔登伯格先生又十分了解牛顿在数学上的研究，所以他们两人试图让牛顿和莱布尼兹相互联系，以便交流他们的数学发现。早在 1670 年，柯林斯就曾鼓励牛顿将他已经成型的微积分学说拿出来发表，但牛顿毫不犹豫地拒绝了。1676 年左右，奥尔登伯格作为中间人，希望两位数学天才能在微积分的问题上进行直接的交流，但牛顿显然把这件事情忽略掉了，他正忙于其他的实验，他在给奥尔登伯格的信中这样说：

> “我希望这封信能满足莱布尼兹至此为止的需求，我便不需要再继续写了……因为我的脑子还在想一些别的事情，此时此刻，我不欢迎任何人打扰我思考。”

牛顿特意叮嘱奥尔登伯格，“千万不能未经我的允许，就将我的数学论文刊印出来。”牛顿一向在发表自己的科学成果方面小心翼翼，但莱布尼兹却果断地公布了自己的发现。1684 年，牛顿正以极大的兴趣撰写自己的科学巨著《自然哲学的数学原理》，这年 10 月，莱布尼兹在莱比锡大学的学术刊物《学术论文集》上发表了他的微积分论文，这篇论文被认为是数学史上最早发表的微积分研究文献。

牛顿在读到莱布尼兹的论文后，是无比震惊的。他惊讶于那篇论文的内容竟然和他的研究如此相近，内心里的第一直觉是认定那是对自己的抄袭。他很自然地想到多年前自己曾经通过巴罗先生向奥尔登伯格和柯林斯先生展示过自己的发现，了解他数学思想的只有少数几个人，巴罗和奥尔登伯格已经去世，所以他一度质疑柯林斯先生，认为是他与莱布尼兹的通信泄露了自己的数学思想。

牛顿后来在不同的场合辩解自己是最早发明微积分的那个人，在 1687 年出版的《自然哲学的数学原理》中写道：

“十年前在我和最杰出的几何学家莱布

尼兹的通信中，我表明我已经知道确定极大值和极小值的方法、作切线的方法以及类似的方法，但我在交换的信件中隐瞒了这方法，……这位最卓越的科学家在回信中写道，他也发现了一种同样的方法。他叙述了他的方法，它与我的方法几乎没有什么不同，除了他的措辞和符号而外”。

牛顿的这段话表明，他和莱布尼兹是各自独立地发明了微积分，牛顿在这之前对莱布尼兹的发明也表达了认可。但是在《自然哲学的数学原理》的第3版以及后来的数次再版中，这段话却被删掉了。这无疑表明了牛顿对待这一问题的看法发生了明显的转变，晚年的他试图在掩饰某些东西。

最初，莱布尼兹对于“谁先发明微积分”这一问题表现得非常豁达，他曾经这样说：

“就牛顿而言，他和已故的奥尔登伯格先生都曾给我写信，并没有和我争论我的求面积的方法，唯有同意而已，我并不认为牛顿先生会把它完全据为己有。德国人墨卡托先生是第一个想到这些方法的，而牛顿先生则做了进一步的发展。但我是采用不同的方法而得到相同的结果。我承认牛顿先生已经创造出某些原理，而那些原理也可以发展出求面积的方法。但是，一个人不会一下子就能获得所有的成果，所以，是由一个人作了部分的贡献，再有他人作另一部分的贡献才是。”

不难看出，尽管二人有明显的争论，但莱布尼茨依然表现得相对宽容，并且对牛顿有非常高的评价。1701 年柏林宫廷举行的一次宴会上，普鲁士国王腓特烈向莱布尼兹询问他对牛顿的看法，莱布尼兹说道：“在从世界开始到牛顿生活的时代的全部数学中，牛顿的工作超过了一半”。我们从这句褒扬中可以看出莱布尼兹对牛顿科学成就的充分肯定。

《自然哲学的数学原理》出版之后，牛顿的声望迅速提升，在欧洲科学界如日中天，关于谁优先发明微积分的争议成为当时科学界谈论的热门话题。1691 年末，牛顿撰写了一篇题为《曲线求积术》的论文。在这篇论文中，他回顾了自己发现微积分和无穷级数的过程，并在文章中引用了大量他在 17 世纪 70 年代中期给莱布尼兹的信，不难看出，牛顿写作此文的目的是为了表明自己拥有发明微积分的优先权。争论之所以越来越激化，是因为在当时的科学界，牛顿的拥护者甚多，他们想竭力维护牛顿在欧洲科学界的地位，于是在微积分发明优先权这一问题上据理力争。

牛顿和莱布尼兹的争论日渐激烈，莱布尼兹只得请求英国皇家学会予以裁定。为此，皇家学会于 1712 年 3 月成立了一个专门的调查委员会，由哈雷等 6 人组成。委员会审查了大量历史信件和有关争论的文件，于 4 月 24 日发表了一篇报告，做出四点结论，并在最后肯定牛顿是微积分的第一发明者，莱布尼兹是第二发明者。报告表明，莱布尼兹是在同柯林斯多年的通信中以及通过其他渠道事先得知了牛顿的研究成果。具体的报告是这样写的：

> “微积分除了名称和符号不同，其他与流数法一模一样……因此我们认为，问题并不在于谁首创了这种方法或者那种方法，而在于谁是首创这种方法的第一人。而且我们认为，那些相信莱布尼兹是首创者的人一定对于莱布尼兹与柯林斯先生的通信以及很久以前他与奥尔登伯格先生的通信情况了解甚

少或者根本就不了解；这些人也不知道在莱布尼兹先生开始在莱比锡《学术学报》上公布微分法之前15年，牛顿先生就已发明了流数法。

不管是以上哪种理由，我们都认为牛顿先生是首创者，并认为持同一观点的凯尔先生对莱布尼兹先生根本就不存在中伤之意。我们向学会仲裁委员会提出：相关信件与文稿的摘录以及现今尚存的、收入沃利斯博士著作第三卷中具有同一目的的那些文稿值得公开发表。"①

实际上，这个委员会主要是牛顿的朋友组成的，他们发表的报告肯定了牛顿的优先权。而对莱布尼兹的独创性及攻击莱布尼兹剽窃的论断的真实性却没有表态，并且在报告里对莱布尼兹的语气里含有敌意，没有公正地对待莱布尼兹。当莱布尼兹向皇家学会申诉这个报告的不公正时，皇家学会否认对委员会的报告负有责任。莱布尼兹认识到，他深深地感到自己受到了侵犯。他变

①[英]迈克尔·怀特著，陈可岗译：《最后的炼金术士：牛顿传》，北京：中信出版社，2004年，第226页。

得异常愤怒，他以一种决绝的口气说，“他以前只知道流数，而不是流数的微积分，且是在我们发表之后，他晚一步才拼凑起来的。如此看来，我对他太过客气了，这正是我为我的仁慈所付出的代价。”

皇家学会的报告快速在欧洲各国的学术中心流传，加之牛顿当时高高在上的“皇家学会主席”的位置，莱布尼兹的辩驳多少显得有些无力。直到1716年莱布尼兹去世，这场争论依然在德国和英国的科学家之间进行着。

最初，这不过是两位数学家谁优先发明微积分的问题，但逐渐导致了英国和德国两国思想阵营的争论和分裂。莱布尼兹的微积分符号更加具有普遍性，所以他的微积分在欧洲得到较为广泛的运用，而这一时期的英国拒绝使用莱布尼兹的符号。这场争论在英国和欧洲大陆的数学家之间划出了一道鸿沟，一直到19世纪，双方才达成一致。从此以后，这两位争论了半辈子的数学家同时被后世认定，“微积分”这一在数学史上具有重大意义的学术突破，是他们各自独立发明的成就。但是，这场争论阻碍了英国数学至少一个世纪的发展。

在今天看来，两位伟大的数学家先后各自独立地发明了微积分。他们两人的研究角度不同，牛顿是从物理学出发、用集合的方法研究微积分的，在物体的运动学应用上有很大的便捷性和实用价值。而莱布尼兹是从几何问题出发、用数学分析法得出微分和积分的运算法则的，他的微积分理论更加具有数学的严密性和严谨性。另外，莱布尼兹的微积分优于牛顿的地方在于，他创造了一套有关微积分的符号系统，这些符号在今天依然被广泛地运用。

与弗拉姆斯蒂德争论

牛顿与天文学家弗拉姆斯蒂德的学术争论，是天文学历史上的一桩公案。

弗拉姆斯蒂德（1646—1719）是英国首任皇家天文学家。弗拉姆斯蒂德与牛顿有着相似的童年经历，他的母亲在他 3 岁时去世。与少年牛顿的心态相似，弗拉姆斯蒂德无法原谅父亲的再娶，这给他留下了深深的创伤。弗拉姆斯蒂德在年轻的时候就沉迷于天文学，他于 1670 年进入剑桥大学耶稣学院学习，在这之前，他因为一篇论文引起了时任皇家学会秘书奥尔登伯格的注意。

奥尔登伯格折服于他的才华，于是说服当时的国王查理二世，希望为这个年轻人设立一个天文观测员的职位。国王非常注重科学，于是出资在格林威治村建立了一座天文观测台，1675 年夏天，弗拉姆斯蒂德担任第一任观测员。最初的格林威治观测台条件非常差，弗拉姆斯蒂德不得不依靠担任教师的收入，来购置各种设备，应对天文观测台日常的开支。尽管条件艰苦，来自各方面的限制很多，但弗拉姆斯蒂德凭借巨大的热情，在15 年里完成了超过两万次的天文观测，并且编纂了有史以来第一本精确完整的天象目录。

弗拉姆斯蒂德进入剑桥读书的时候，牛顿已经是剑桥大学的卢卡斯讲座教授，他对这位年轻的教授充满崇拜之情。牛顿的望远镜最初在皇家学会进行展示的时候，弗拉姆斯蒂德就表现出极大的兴趣，对于它的制作者牛顿表现出崇拜与赞许之情。作为皇家天文学家，弗拉姆斯蒂德经常出席皇家学会会议，他和牛顿经常就一些学术问题进行讨论和通信。

1681 年，两个人开始频繁的通信，这时的牛顿正在研究他的物理学难题，而弗拉姆斯蒂德的天文观测已经硕果累累，牛顿希望从皇家天文学家那里获取最新出现的关于彗星的观测材料。弗拉姆斯蒂德是一个勤奋的天文观测者，他在无数个漫漫长夜坚守在望远镜前，搜集到大量珍贵的天文数据，牛顿迫切需要那些数据来印证自己关于月球轨道运行推算的重力理论。

弗拉姆斯蒂德在刚开始的时候毫无保留地为牛顿提供了他想要的数据，这时的牛顿因为有求于人而显得特别有礼貌，弗拉姆斯蒂德也和蔼可亲，他尽量为这位自己崇拜的教授提供他想要的东西，主要包括恒星的方位和行星的位置，以及他们之间的相互关系，这些数据使得牛顿得以精确地描绘出 1680 年彗星所走的路径。在两人最初的通信中，我们看到牛顿对弗拉姆斯蒂德是非常谦恭的：

> “关于我这部分，依我看来，你的观测公开之后，可以引导一项理论进入这世界，并使你的名声显扬，这远比你将结果收藏起来直到死去有用得多，也比仅是公开观测结果、却没有理论相伴为佳。因为这个理论也等于证实你观测的正确性，让你很容易就被公认为世界上最精确的观测者。反之你若是没有这样可以印证的理论为伴，你的数据最

后不过是埋入天文学家所观测的数据堆里，等到一个人出现、改进了月球的理论之后，才有可能发现你的观测比别人的更精确。”①

这时的牛顿对他的态度虽然比较客气，但明显有了威逼利诱的嫌疑。渐渐地，弗拉姆斯蒂德觉得，他正在成为牛顿利用的工具。他想自己独立地完成天文学的研究，而不仅仅是一个数据提供者。

很快，两人就发生了矛盾。牛顿发现弗拉姆斯蒂德提供的数据有错误，并且怪罪他经常拖延时间。

这时的牛顿正在研究与月球相关的理论，他非常期待能得到弗拉姆斯蒂德的天文数据。牛顿显然不方便直接索要，于是，他告诉弗拉姆斯蒂德，他正准备向安妮女王的丈夫乔治亲王建议，让他们支持弗拉姆斯蒂德出版一份详细的天文观测数据目录。弗拉姆斯蒂德识破了牛顿的骗局，他知道牛顿是在引诱他交出数据，他没有答应。

1703 年，牛顿当选皇家学会主席。这一年，

①[英]迈克尔·怀特著，陈可岗译：《最后的炼金术士：牛顿传》，北京：中信出版社，2004 年，第 465 页。

牛顿送给弗拉姆斯蒂德一本新近出版的《光学》，弗拉姆斯蒂德让他的一个助手认真阅读这本书，详细列出其中的错误，并且在伦敦发表演讲特意指出。这一举动让拥有极高学术威望的皇家学会主席牛顿非常恼火。1704 年，他们的关系恶化到极点。

在弗拉姆斯蒂德的心目中，从 1704 年开始，牛顿就变成了一个疯狂攫取权力的暴君，并且一直在干涉他的工作。牛顿感到非常愤怒，他给弗拉姆斯蒂德写信说：

> “天文观测台的设立，目的是要把从格林威治观测到的天象资料编成一本完整的恒星目录，你的责任是在那里担任观测工作……因此，我要求你将天象目录的剩余部分交给阿巴斯诺特带回，不然至少也应将尚待完成的观测结果给他，才能使编印顺利进行。如果你不立刻照办，又提出任何其他建议，或者制造任何借口，故意毫无必要地拖延，你将被判以间接违抗女王陛下命令之罪。我等待你最快和直接的答复，也期待你的遵从。”

1704 年，牛顿组织成立了一个专家仲裁委员会，专门监督弗拉姆斯蒂德的天象目录的编纂工作。这时的牛顿已经非常善于通过运用自己的权力来获得某种科学上的名誉，在后来与莱布尼兹的争论过程中，他采用了同样的“仲裁”方式。弗拉姆斯蒂德对这一行为非常愤怒，他认为专家仲裁的委员会简直就是一批“马屁精”，这严重干扰了他的工作，否则他早就完成了这一工作。1706 年，弗拉姆斯蒂德难以承受压力，不得不将最新的天象目录交出来。

在牛顿的主持下，《大不列颠天空的历史》这本书于 1712 年在未经弗拉姆斯蒂德授权的情况下出版，弗拉姆斯蒂德宣称这个版本是“走样且被糟蹋了的”，他甚至把这些书收回。牛顿很顺利地利用了这些天文数据，它们被成功地用于证实他的月球理论，在 1713 年出版的第 2 版《自然哲学的数学原理》中刊载出来。但是弗拉姆斯蒂德发现，在牛顿的第 2 版巨著中，他的名字被全部删掉。

在这之后，弗拉姆斯蒂德不断地完善补充自己的数据，这就是后来非常著名的“弗拉姆斯蒂德星图”。弗拉姆斯蒂德于 1719 年去世，去世之前，他一直致力于修改、校订自己的书，这本书共三部，直到 1725 年，它的第一部才在朋友的帮助下得以出版。

在这个过程中，他们之间恶语相加，弗拉姆斯蒂德声称牛顿和他的党羽是一群强盗。在 1719 年弗拉姆斯蒂德逝世前为自己的版本《不列颠天空的历史》所写的序言中，有一段对牛顿的严厉批评：

> “他的用意……要我追随他……强迫我像哈雷博士和格雷果里博士那样有求于他、谄媚他和曲意奉承他……他又想用一些特别的刁难来迫我就范。许多人一开始做出坏事之后，做更坏的事情也就不会脸红了。狡猾的牛顿更是如此，他会继续做下去，也准备好新的借口和谎言来掩饰他极虚伪、极恶劣的性格。我的心中无他，唯有诚实和荣誉，我用诚恳和实在的态度来回应他的狡诈……我不想和他缠斗……因为诚实的牛顿爵士（引用他自称的话）将所有事物置于他的权力之下，会破坏甚至埋葬它们，也可能迫使我屈从他、赞美他；可是那样的事诚实的人绝不会做的，感谢上帝，在他的庇佑下，我

始终没有必要去做。”①

而牛顿则骂他妄自尊大、傲慢无礼。在牛顿的授命下，哈雷接任了皇家天文学家一职。两位科学家从最初的学术合作到后来的恶语相加，对于牛顿来说，甚至不惜动用自己的权力来打压弗拉姆斯蒂德。实际上，这场争论已经超出科学的范围。晚年的牛顿，在权力和自我崇拜中，失去了内心的某种平衡。

晚年牛顿

从我们的印象中，牛顿是一个习惯封闭自己的人，他在很多时候情愿蜷缩在一个角落，与整个世界隔离。在剑桥大学的很长一段时间里，他不和外界的日常事务接触，在他的房间里单独地进行研究和实验。

这样一个沉默寡言、不修边幅的牛顿，在进入伦敦的政治与社交圈子之后，以一种决绝的方式改变了自己以前的形象。这时的牛顿，衣衫整齐，谈吐非凡。他的性格也发生了改变，他从以

①[英]迈克尔·怀特著，陈可岗译：《最后的炼金术士：牛顿传》，北京：中信出版社，2004年，第478页。

前那个沉默寡言的年轻人，变成了一个喜欢争吵的老人。

牛顿从 1703 年起担任英国皇家学会主席，直到 1727 年因病去世。这个职位是那个时代最优秀的科学家的象征。

现在牛顿掌握了大权，他开始按照自己的心意运作起来，他很快任命自己为实验监管人。作为新任主席，对于学会的事情，他事必躬亲，他坚持出席每一次例会，并参与评论每一篇论文。他还坚持要控制委员会成员的选拔工作，并通过自己的工作树立了权威。他主持皇家学会理事会的时候，以独特平易的作风执行职务，既优雅又高贵。

在他任职的 24 年时间里，他表现出超强的组织管理能力，他为皇家学会选定了新的地址，并主导了一系列制度改革。在他掌控皇家学会的这些年里，皇家学会确实取得了长足的发展。刚刚接手皇家学会的时候，牛顿曾经自己掏腰包支持经费紧张的学会。牛顿调整了学会内部的经济运转模式，他经过考察，将皇家学会迁到了新的地址——丹鹤厅，使皇家学会拥有了永久性的地址。

晚年的牛顿获得了普遍的认可和崇敬。在众多的赞誉声中，牛顿的晚年其实是富于争议的。牛顿的自我崇拜是与其权利的增加相得益彰的。晚年的牛顿与其他人争论的焦点仍然是对“优先权”的争夺，但由于他这时已经大权在握，所以一些争论逐渐失去了科学本身的意义，其中与莱布尼兹关于微积分发明优先权的争夺，就是牛顿使用权力挤压科学的体现。老年的牛顿，在运用“权力”的问题上，为后人留下了很多值得反思的地方。

在牛顿主持皇家学会的最后的时间里，科学在英国已经形成了公共的机构，而牛顿在这时几乎成为一个独裁者。他想尽办法消除胡克在皇家学会的残余影响，抢走了皇家天文台的威信，从弗拉姆斯蒂德手中夺走了这位天文学家毕生的工作成果——一份全新的行星目录。如果从这些晚年行为中来认识牛顿，那么他的形象肯定会大打折扣。金无足赤，人无完人，牛顿有其天才的、超越时代的一面，也有其鲜明的时代局限性。

第十七章 斯人长眠

当我们以后人的视角回顾牛顿一生的事业，可以将之大致分为前后两个阶段。第一个时期是他的前 32 年，即 1665 年到 1696 年，除了短暂的身体不适之外，牛顿在这一个时期几乎全部用于科学研究，他精力旺盛，身体强健，勇于探索，刻意创新，在科学研究的征途上做出了伟大的贡献。后一个阶段也可以理解为 32 年，即从 1696 年到 1727 年，这一时期牛顿的声名日隆，他渐渐远离了科学研究，开始担任国家公职，为上升期的英国资本主义经济做出了巨大贡献，晚年的牛顿在伦敦过着优裕的生活，被授予大量的荣誉。牛顿从 1702 年开始担任英国最高科学机构皇家学会会长，长期领导英国科学界。

最后的岁月

进入到18世纪20年代以来，牛顿的身体状况愈下，他的智力也明显衰退。尽管如此，他依然是当时整个欧洲最卓越的自然科学家。几十年来，他的弟子已经遍布英国各主要大学的教学与研究岗位上，他的追随者们通过书籍和讲座来宣传牛顿的哲学。18世纪20年代，他的学说体系在英国已经取得了至高的统治地位。在法国，包括伏尔泰在内的哲学家也是牛顿学说的热情拥护者。

1722年，牛顿已经80岁了，他的身体开始出现明显的疼痛。在这一年，牛顿大病一场，经医生诊断，他患上了严重的肾结石。虽然在医生的精心治疗下，他的疼痛得以暂时控制，但从此之后，他一直饱受疾病之痛。

1725年1月，牛顿突然剧烈地咳嗽，经医生检查，他患上了严重的肺炎。出于健康的考虑，家人极力劝说他搬到了自然环境较好的肯辛顿居住，肯辛顿是伦敦所辖的一个市，这里的空气要比伦敦好很多。同年2月，他患上了痛风病。这一时期，身体的各部位疼痛剧烈，以至于他身下的床，乃至他所在的整个房间，都随着他的苦痛而震颤，让在场的人吃惊不已。

1727 年 3 月 2 日，牛顿最后一次主持皇家学会会议。3 月 18 日，牛顿与他的私人医生米德有过一次长谈。牛顿向米德医生回忆了自己漫长的一生，他承认自己在与胡克、布莱尼兹的学术论争中有偏激之处，他还对米德医生坦白，他的一生没有和女人发生过肉体的关系。牛顿临终前的话，透露出内心些微的忏悔。

3 月 19 日，牛顿失去了知觉，从这一天的傍晚开始，他一直处于昏迷状态。1727 年 3 月 20 日凌晨，牛顿因肾结石剧烈发作与世长辞。这是一种使身体产生剧烈疼痛的疾病，在几个小时的痛苦挣扎中，他从来没有大声地痛哭或者抱怨过。

作为科学家，牛顿是无与伦比的，但他又十分谦逊。牛顿在临死前说，“我不知道世人会怎么看我，但是，对我自己来说，我好像不过是一个在海边玩耍的男孩，到处寻找一块更光滑的鹅卵石或者一个更漂亮的贝壳。而与此同时，未被发现的真理的大海就躺在我的面前。”牛顿一生的足迹只覆盖了地球表面上 150 公里左右的距离：

从林肯郡一个充满田园风情的小庄园向南到位于剑桥的大学城，又从那里到伦敦。然而他的科学成就却影响了全世界。

史无前例的葬礼

从 1642 年到 1727 年，牛顿度过了漫长而伟大的一生。

牛顿去世后，英国王室为他举行了史无前例的葬礼。

牛顿爵士的遗体停放在威斯敏斯特大教堂的耶路撒冷室。牛顿的抬棺者是由大法官、公爵和伯爵组成，他们都是社会名流，还有很多英国的杰出人物参加了他的葬礼。时任威斯敏斯特大教堂教长的罗切斯特主教主持宗教仪式，这所教堂的所有教士参加了葬礼。

牛顿是人类历史上第一个获得国葬的科学家，葬礼非常隆重。3 月 28 日，遗体移送到威斯敏斯特大教堂，4 月 4 日，人们为他举行了隆重的葬礼，将他安葬在英国历史上著名的艺术家、学者、政治家、元帅和海军上将们安息的威斯敏斯特教堂墓地。

这时，流亡的法国思想家伏尔泰见证了这一

史无前例的葬礼，他被当时的场景深深感动：

> “他是像一位深受自己的臣民爱戴的国王一样被安葬的。在他之前，是没有哪一位科学家享受如此殊荣的。在他之后，受到如此厚葬的也屈指可数。……走进威斯敏斯特大教堂，人们所瞻仰的不是君主们的陵寝，而是国家为感谢那些为国增光的最伟大人物建立的纪念碑。这边是英国人民对于才能的尊敬。”

斯人已逝，但对于整个欧洲乃至整个世界来说，牛顿的故事才刚刚开始。“苹果”故事是牛顿最为传奇的故事之一，与法国思想家伏尔泰的生动讲述有关。伏尔泰非常崇拜牛顿，他对牛顿的研究成果抱有极大热情，并不遗余力地进行宣传。他曾经在多篇文章中生动地讲述苹果落地的传奇故事。

1731 年，牛顿的后人为他建造了一座巴洛克风格的纪念碑。纪念碑所在的这片园地，从此之后成为英国伟大科学家的安息之地，达尔文、麦克斯韦和法拉第等都在这里安葬。

这座纪念碑用灰色和白色的大理石装饰着，

纪念碑上是一幅牛顿斜躺着思考的画像，右肘枕在积累起来的四本书上，这四本书是《神学》、《年代学》、《光学》和《自然哲学的数学原理》；一幅天象图，上面标示着1681年彗星滑过天空的轨迹；一群小天使在把玩着棱镜、望远镜和一枚新铸的金币。它们集中展示了牛顿卓越的科学贡献。牛顿的碑铭用拉丁文写成：

> 死去了的人们应当庆贺自己，因为人类产生了这样伟大的装饰品。这儿安睡着艾萨克·牛顿爵士。他以思维的近乎神圣的力量，用他自己特有的数学法则，第一次证明了行星的运动和图像，彗星的轨道和大海的潮汐；他研究了各种不同的光线，以及由此所产生的颜色的性质，而这些都是别人连想都没想到的；对于自然、历史和圣经，他是一个勤奋、敏锐而忠实的诠释者。他用他的哲学证明了上帝的威严；他度过了新教徒式的简朴的一生。整个人类都为曾经拥有这样一个伟大的生命而欣喜。

除了这个铭文，后代有很多人撰写各种文字来表达对牛顿的崇敬之情。英国著名诗人蒲柏曾写有这样的赞美诗来赞美牛顿：

自然和自然规律，
隐藏在黑暗之中；
上帝说：让牛顿出生吧！
于是一切显现光明。

在当时的英国，牛顿的逝世在很长一段时间里激起了人们的诗歌创作热情，具有爱国主义色彩和抒情色彩的诗歌不断涌现。在当时的人们看来，他是研究光明的哲学家，很多的挽歌作者赋予牛顿各种鲜亮的颜色。理查德·洛瓦特于1733年发表在当时的《妇女日记》杂志一首诗：

牛顿为他的神秘艺术
奠定了坚实的基础，
大不列颠的子孙们将继承他的事业的追求。

在他们看来，牛顿是一位伟大的英雄，他虽然不能挥舞长剑驰骋战场，却用毕生精力探索着“新奇的法则”，他在知识和力量之间建立了真正的法则。

英国著名浪漫主义诗人拜伦曾写诗赞美牛顿：

人和苹果一起下落，一起上升，

我们必须相信艾萨克·牛顿先生的揭露方式，

满天的星星就像没经过铺砌的收费公路，

人类的悲哀将得到补偿，

自从不道德的人类文明光芒四射，

各种各样的机械，很快蒸汽机将把人类带上月球。

从18世纪初开始，牛顿在近代科学史上的地位逐渐提高，他以理性法则建立的科学权威无人能够动摇。

赞扬与批评

牛顿是人类历史天空中最耀眼的科学巨星。法国思想家伏尔泰曾经说："将世界的一切天才放在一起，牛顿应是他们中的佼佼者。"在牛顿去世后的200多年里，人们对这位天才的科学家表达了难以数计的赞扬与憧憬。

相对论的提出者爱因斯坦曾经说："真正发现科学的是牛顿，而不是我，我只不过是修正牛顿的错误而已。"

英国著名浪漫派诗人、毕业于剑桥大学的华

兹华斯这样评价牛顿：

> 那里雕像耸立着，
> 那是面容肃穆而沉默的牛顿，
> 大理石永远标志着他的心灵，
> 单独地在奇妙的思想海洋中航行。

在对牛顿进行赞扬的同时，随着牛顿生前更多材料的公布于世，人们开始更加理性、全面地看待牛顿。于是，一些批评的声音随之而来。任何伟大的人都不可能是完美的，对牛顿的批评，在一定的程度上是对牛顿认识更加全面的表现。

1936 年，一批牛顿遗留下来的文件在苏富比拍卖公司拍卖，这些文件是大约 50 年前由剑桥大学所接受的捐赠中被认为“不具科学价值”的一部分收藏品。

收藏有牛顿大部分手稿的凯恩斯先生是 20 世纪著名经济学家，同时也是牛顿研究的专家。1942 年，牛顿诞辰 300 周年，在英国皇家学会举行的纪念活动中，凯恩斯发表了演讲：

> “从 18 世纪以来，牛顿一向被认为是第一个，也是最伟大的近代科学家，是一个理性主义者，他教导我们做出冷静的思考和无

偏的推理。可是现在我要说，我不认为如此，我不认为任何人在看完那一箱文件之后，还会把他看成是那样一位道德高尚的伟人。那一箱文件是牛顿于1696年离开剑桥大学时，特意收拾起来带走的，虽然部分已经散失，但最后还是有一些辗转到我们手上的。牛顿并非理性时代的第一人，却是最后一个魔术师，最后一个巴比伦人和苏美尔人。他是最后一个伟大的智者，他和那些近1万年前就开始构建我们的知识遗产的人一样，用相同的目光在可见可知的世界中搜索。”①

凯恩斯对牛顿的重新评价值得我们正视和思考。无独有偶，当今世界上最伟大的物理学家史蒂芬·霍金在《时间简史》一书中也对牛顿做过不客气的评价：

“牛顿不是一个讨人喜欢的人，他和其他院士的关系声名狼藉。他晚年的大部分时间都是在激烈的争吵中度过。他有意识地报

---

①[英国]凯恩斯著，郝刘祥译，《科学文化评论》，北京：社会科学文献出版社，2004年第1期，第99—100页。

复了皇家天文学家约翰·弗拉姆斯蒂德，又与德国哲学家莱布尼兹发生了更为严重的冲突。”

人们往往倾向于把科学史上具有划时代意义的伟大科学家看作是品德高尚的天才和圣人，无数荣誉和光环围绕着他们，以至于人们难以了解他们作为普通人的真实性情。牛顿具备超乎常人的理性逻辑思维能力，非常坚定地相信理论必须得到实验的验证，只能采取试验方法推演出像庞大机器一样的宇宙的运作规律。另一方面，他又相信冥冥之中主宰一切的上帝，相信“魔法”——炼金术，观念中有浓郁的神秘主义成分。

尽管牛顿取得了令后人仰慕的成就，但他毕竟受到当时时代的局限，留下了一些遗憾，这恰恰为后人的科学研究留下了巨大的空间。

第十八章
后世影响

在《历史上最有影响的 100 人》一书中，迈克尔·哈特先生对牛顿做出了这样的评价：“牛顿不仅仅是无与伦比的科学家，而且是科学理论发展中最有影响力的人物，因此在任何一部世界上最有影响的人物册上，他名列前茅是当之无愧的。”牛顿是有史以来最伟大的科学家，他在 17 世纪的一系列科学发现与命名，对于 21 世纪的我们而言，仍然产生着深刻而持久的影响，今天我们在日常生活中一直享用着牛顿的科学遗产。

科学成就

牛顿站在时代的转折处，他用自己的勤奋与执着做出了几乎溢出那一时代的科学成就。牛顿的科学兴趣广泛，他在数学、力学、光学、天文学等方面取得了重大的成就，改变了人类认知世界的方式。

对于牛顿在科学史中的贡献，恩格斯曾这样描述：“牛顿由于发现了万有引力定律而创立了科学的天文学，由于进行了光的分解而创立了科学的光学，由于创立了二项式定理和无限级量而创立了科学的数学，由于认识了力的本性而创立了科学的力学。”牛顿之所以取得如此巨大的科学成就，与他自身通过异常勤奋的学习所获得的能力密切相关。在很多年里，牛顿的世界是与世隔绝的，从早到晚，牛顿都沉浸在公式、力量和思想的世界里。牛顿仿佛比常人多出某个感官，在对自然世界进行观察时，他能够穿透事物的表面，看到事物内部的构架。

牛顿的科学贡献主要集中在以下几个层面：

第一，数学方面。牛顿证明了二项式定理，发展了无穷级数理论，创立了微积分，这意味着一种全新的数学的诞生。

第二，光学方面。牛顿第一次制成了反射式望远镜，在天文学上具有重要的里程碑意义。他通过大量实验证实了光的本质，解释了光的各种颜色变化的内在原因。牛顿是 17 世纪光学研究的集大成者。

第三，力学方面。这是牛顿最重要的科学贡献，很多研究科学史的专家认为，牛顿对物质运动规律的考察，以及能量与力之间如何发生作用的学说，具有重要的革新意义，是物理学发展的里程碑。他提出的“力学三大定律”构建了完整的力学体系，并且发现了地球中普遍存在的基本作用力——万有引力。

第四，天文学方面。牛顿用微积分的相关知识圆满地解决了行星运行轨道的问题，提出了力学三大定律，并将它们推广到星际空间，改变了千百年来流传的亚里士多德学说。

在力学和实用科学领域，牛顿的定律至今仍然得到广泛的应用，特别是在21世纪方兴未艾的空间科学中得到了非常重要的体现。

牛顿的科学成就除了人们经常议论的几个重大领域之外，还包括其他方面。其中之一就是对潮汐的科学解释。牛顿集合了基本数据，在大量演进分析的基础上，提出了他的科学论断：太阳和月亮都对潮汐施加了牵引力；它们合成的重力通过在地球相反的两侧各自形成了一个突起，而潮汐正是由于这对称的突起产生的。

牛顿是在科学新旧交替的变动时代开始科学研究的，是时代选择了牛顿来完成旧的科学时代的彻底终结，拉开了现代科学的大幕。牛顿继承并创造性地吸收了前人的知识和科学思想。作为一位科学家，他独立地把有史以来最有创见的科学思想全部汇聚于首创的现代实验科学中。

对于牛顿来说，2000 多年来关于宇宙本质的各种观念，他都了然于心。他的伟大之处是将伽利略、笛卡尔、开普勒等许多科学家取得的突破进行整合，最后归纳出一种清晰而宏阔的宇宙观。他发明了定律，建立了法则，赋予“物理学”明确的内在结构，使它成为一种真正的科学。

在巨大的科学贡献之外，牛顿对后世的影响还体现在他使用的一系列科学方法，奠定了现代科学研究的基础。这主要体现在，我们从牛顿的遗产中找到了一种冷静理性的逻辑科学方法，这对维多利亚时代[①]的科学研究具有重要意义。

牛顿在那个时代的科学实验，在今天看来，

---

①维多利亚时代，是指英国维多利亚女王（Alexandrina Victoria）的统治时期，大致时间为 1837 年—1901 年，这个时期的大英帝国走向了世界之巅。

浸透着一种全新的科学理念。著名的宇宙学家和相对论者海曼·邦迪说："牛顿之后的世界完全是另外一幅风景了，人类思考问题的方式被深刻地改变了，不可能再像原来那样。"

牛顿的"实验情结"就像十字路口的一个路标，给他指引了科学研究的正确方向。牛顿的实验精神是日后科学研究方法更新的先驱，标志着现代科学的开端。

牛顿充分重视"实验"的重要性。他指出，仅仅声称存在对世界产生影响的科学法则是不够的，人们必须通过实验来印证科学观点。他制作的风筝、滴漏计时器和望远镜等，都是为观察事物规律而进行的具体实验，他习惯将自己的实验过程随时用笔记本记录下来。牛顿为我们奠基了通过实验或观察方法来证明理论真伪的现代科学方法基础。

在牛顿之前的笛卡尔、惠更斯和胡克看来，牛顿的这种研究方法是完全没有必要的。他们要研究宇宙运行的规律，只需要构建精细的逻辑体系就可以了，而没有必要实际观察自然世界，更不用做化学实验。这几乎是牛顿之前人们公认的科学态度。而在牛顿之后，一切都发生了变化。

科学家如果不能提供证据来支持自己的说法，是不可能得到社会认可的。牛顿时代以来的主导科学研究的归纳推理方法就是建立在确凿证据的基础之上，它们渐渐形成了一种稳定的科学研究范式：科学家首先提出假说，然后设计实验来检验理论的可行性，再通过实验得出一般性的结论。

牛顿形成了一种坚固的以数学为一切的基础的科学精神。他认为，数学是理解一切事物的途径，因为数学的解决方法意味着精确。他曾在给奥尔登伯格的信中阐释了他的科学精神："应当说我的发现不是猜想，而是符合最严格的标准的结论，绝不是通过排除其他可能性而得出的猜测……我的发现是有实验结果支持的，不容一点质疑。"这是牛顿决绝的科学精神的体现。在牛顿的时代以后，科学家认为一切说法都必须通过对实验的成功再现，才能得到验证。这成为当今科学研究的基本准则。

牛顿创造了他生活的年代里盛行的方法和语言，他的发现在之后的每一个世纪里都占据着统治地位。他推开了一扇门，把人们引入一个新的宇宙：从绝对的时间和空间开始，既可测量又不可测量，由科学和仪器装备，被工业和自然的规则统治着。几何与运动，运动与几何，牛顿把这两个看似截然不同的领域合二为一。尽管随着爱因斯坦的相对论学说的提出，牛顿的科学理论被人们认为是“被取代”了，但事实证明，牛顿的思想仍然被不断发展着的科学所证明着，并进一步向更宽的领域拓展。

后世影响

牛顿对于后世的影响，在其后的大物理学家爱因斯坦那里有非常丰富的描述。作为牛顿之后最杰出的物理学家，爱因斯坦非常清楚牛顿为现代物理学所做的贡献，并且对牛顿有特别高的评价。在 1927 年牛顿逝世 200 周年的纪念活动中，爱因斯坦专门写文章赞美牛顿：

> “我觉得有必要在这样的时刻来纪念这位杰出的天才，在他以前和以后，都还没有人能像他那样地决定着西方的思想、研究和实践的方向。他不仅作为某些关键性方法的发明者来说是杰出的，而且他在善于运用他那时的经验材料上也是独特的，同时还对于数学和物理学的详细证明方法有惊人的创造才能。由于这些理由，他应当受到我们最深

挚的尊敬。”

从这一段话不难看出，牛顿在世界科技史上具有重要的转折意义，牛顿的出现使科学研究发生了明显的转折，他是现代科学研究的先驱与奠基者。20 年之后，爱因斯坦在《自述》中又谈起牛顿的贡献：

“牛顿啊，请原谅我；你所发现的道路，在你那个时代，是一位具有最高思维能力和创造力的人所能发现的唯一道路。你所创造的概念，甚至今天仍指导着我们的物理思想，虽然我们现在知道，如果要更加深入地了解各种联系，那就必须用另外一些离直接经验领域较远的概念来替代这些概念。”

作为不同时代的顶级物理学家，我们从爱因斯坦的文字中读出了他对牛顿的尊敬、景仰与“惺惺相惜”，他们之间的“对话”，同时构成了物理学史乃至整个人类科学史的一段佳话。无独有偶，著名科学家科恩对牛顿的评价是这样的：

牛顿和他的同时代人约翰·洛克是伟大的新思想的象征，这种新思想包含着“在思想的信仰和习俗中杰出的革命”，它标志着以启蒙运动为开始的新时代的到来。我们完全有理由说，牛顿在科学上的所有贡献，不仅影响了近代的科学界，也影响了近代以来的整个社会和人类思想观念。因此将牛顿列入人类历史上有重大影响的思想家，绝非是过誉之词。

科恩对牛顿的评价已经超出了科学的范围，准确地指出了牛顿在人类思想史上的巨大作用。自牛顿时代以来，英国所具有的那种独特的自信源于他们对世界的纯理性认知，认为世界总是可以度量的，物质问题总是有办法解决的。维多利亚时代的人将牛顿视为理性主义的杰出代表，是他将宇宙运行的原理传入了千家万户。

科学家劳厄说：“没有任何东西像牛顿对行星轨道的计算那样如此有力地树立起人们对年轻物理学家的尊敬。从此以后，这门自然科学成了巨大的精神王国，没有任何权威可以忽视它而不受到惩罚。”牛顿的成就和方法，使物理学成为一门显赫的学科，成为后世很多人的独立研究对象。牛顿在《原理》的“结论”中宣称，这本书中的分析方法可以用来研究地球上的一切现象。

这部著作对后世产生重要影响，还在于它为后世奠定了科学研究方法的基础：在精准的实验基础上，进行周密的数学计算，是现代科学研究的基本思路和方法。

认识与评价

诗人詹姆斯·汤普森发表于1726—1730年之间的长诗《四季》将牛顿称颂为英国最伟大的人物之一，他在诗中依据牛顿的学说描绘了夏日空气中含有的肉眼看不到的微生物，关于光和色彩的诗句记录了牛顿的棱镜实验：

随着观察者手中的景物发生变化，
旋动的色泽也颤抖地相继更迭。

在长诗中，诗人还针对牛顿的“纯智慧”发出“大不列颠，欢呼吧！”这样的呼声。在诗人的笔下，牛顿的科学研究是英国民族智慧的结晶，值得整个大不列颠为之欢呼。

虽然牛顿对后世的影响是深远的，但我们在认识牛顿时，不能将他看作一个传奇性的“神话”人物。牛顿能够在诸多层面做出巨大贡献，是那个特殊的时代使然。处于那样一个“科学的童年”时期，各种科学的发展都尚未建构自己的体系，牛顿的很多科学发现具有学科奠基的重要作用。在今天，科学的发展已经无限精细化。很难想象牛顿生活在21世纪的今天，还能在这么多的学科中取得这么多的成就。

相对于牛顿在科学上的巨大成就，他的人生是有缺陷的。他性格中的某些缺陷与偏执，限制了他在生活中的圆满与和谐。这正是近三百年来牛顿的私人生活一直令研究者入迷的原因所在。

在科学“神化”的另外一面，牛顿的形象是截然不同的。牛顿也存在两面性，他不仅发表了《自然哲学的数学原理》和《光学》等著作，也留下了50多万字的炼金术手稿和100多万字的神学手稿等“非科学”的东西。牛顿对炼金术保持了浓厚的兴趣，这一兴趣与理性法则是相悖的，让牛顿的个性变得难以捉摸，牛顿并不是一个纯理性的人。

如果说年轻的牛顿将全部的时间和精力都放在了科学研究上，那么中年时期的牛顿则把主要的精力放在了神学和炼金术上面，牛顿是一个痴迷的炼金术士。牛顿在剑桥大学进行了长时间的炼金术实验，他还对《圣经》进行了精确而繁复的计算与解码。在牛顿的世界观中，神学与炼金术有内在的联系。在“科学”与“巫术”中间，牛顿是摇摆的。

在牛顿的人生历程中，他经常陷入人际关系的紧张之中，这是我们在认识牛顿个性性格的过程中应该注意的地方，只有对牛顿的性格有一个全面的、辩证的认识，才可能真正了解牛顿之所以成为牛顿的内在原因。金无足赤，人无完人。我们要客观全面地认识牛顿，才可能真正有效地学习他的优点，摒弃他的缺点。我们发现了牛顿古怪神秘的一面，从现代人的视角看，这似乎更能引起我们的兴趣。从这个意义上说，牛顿是科学与神秘的综合体。当我们今天回头重新审视牛顿科学研究的重要意义时，应该科学审慎地进行考察，在看到牛顿巨大贡献的同时，充分认识到牛顿的时代局限。

但有一点，我们是必须给予重视和尊敬的：牛顿的一生从来没有盲目屈从过权威。不管是剑桥大学时国王要求他安插皇室成员，还是拒绝接受神职，抑或对那个时代共同推崇的亚里士多德哲学观点的质疑，都体现了这一点。牛顿的怀疑精神是他科学研究的前提，同时也是人类对自然认识不断加深的内在动力。从相反的层面来讲，人们对上帝的膜拜限制了人们对于自然的认识。英国哲学家培根说：“上帝不允许人类整天梦想着有一天能琢磨出什么世界规律。”这提醒我们，要想有所创新，必须有质疑权威的胆识和能力。从这个意义上讲，牛顿的思想对今天的我们产生的最深远的影响是：通过独立思考质疑一切的“权力”。

> “把自然界中所有的现象都解释清楚，对于任何一个人甚至一个时代来说，都是一项极其困难的任务。对于一个人来说，最好的做法是做你有把握的事情，把剩下的留给后来者。”

这是牛顿众多草稿中的一张，牛顿做到了，他做出来无愧于自己、无愧于时代的贡献，为后人留下了丰富的思想遗产。

这就是牛顿。

他是善于制作风车的农家男孩。

是自卑的三一学院减费生。

是孜孜不倦的研究者。

是在火炉边观察记录的炼金者。

是极具魄力的皇家造币厂总监。

是德高望重的皇家学会主席。

是女王亲自御封的爵士。

是拥有辉煌成就的科学泰斗。

是站在科学最前沿的天才。

牛顿的一生，是孤独的一生，更是战斗的一生。是天才的一生，更是勤奋的一生。